「伝えたつもり」をなくす本

中山マコト

SOGO HOREI PUBLISHING CO., LTD

はじめに

「伝える」って難しいです。自分では「伝え上手だ、うまく伝わっている」と思っていても、実は相手にはまったく伝わっていないというケースが実によくあります。

私はマーケターという仕事柄、多くの経営者と出会います。そして、色んなお話を聞く機会があります。そんな中で、「あ、これが実態なんだな」と痛感した出来事がありました。それは、ある年の春のことです。超大手食品会社のコンサルティングチームに入ることになりました。

プロジェクトが進んでいく中で、ある日、その会社の社長さんと会食する機会を得ました。世間的にとても著名な方なので、多少緊張してその場に臨みました。

おいしい料理をいただきながら、その社長さんが考える自社の未来像とか、社員に対する見方、考え方などについてお話をうかがいました。その中で、社長さんがこうおっしゃったのです。

「私はとても幸せです。うちのスタッフは役員以下、末端の社員にいたるまで、私の考えをよ~く理解してくれて、素晴らしい働きをしてくれている。経営者冥利《みょうり》に尽きます。こんなに理解力のあるスタッフはそうそういません」

社長さんの熱の入った語りに、一緒に食事していた社員の中には泣いている方もいたくらいでした。

それから約1週間後。

今度は同じ会社の現場のプロジェクトメンバーとお酒を飲む機会がありました。課長とか、主任、そして平社員まで、延べ10人くらいだったと思います。お酒も入り、みんなの語りも最高潮に達したころ、若手社員の一人がこんなことを言いだしたのです。

「うちの社長、毎週会議をやるのはいいんだけど、何言ってるか全然わかんないんですよ！」

この会社は、全国の支社や支店をネットワークでつなぎ、毎週、ほぼ全社員でミーティングを行っています。そして、最後に必ず社長さんが締めの言葉を述べるというしきたりになっています。そのことをその若手社員は言ったわけです。驚いたことに、他の社員からも「そうなんだよな~、うちの社長、何言ってるかわかんないよな~」という声がたくさん上がったのです。驚きました。衝撃でした。

つい1週間前には社長さんから「うちのスタッフは私の話をちゃんと理解してくれている」という話を聞いたのに、1週間経ったら現場の社員から真逆の言葉を聞く。参りました。

そのとき、思ったのです。

「伝える」ということは、伝える側と伝えられる側がぴったりシンクロしないと意味がない。そうしないと「伝えたつもり」で終わってしまう。それでは何もしなかったのと同じなんだと。

ご紹介が遅くなりました。中山マコトと申します。

かなり長い期間にわたり、広告の世界で仕事をしています。広告の企画、リサーチ、コピーライティング、販売促進など多くの仕事を手がけてきました。

本書は47冊目に当たる本で、ある意味、私の仕事の集大成的な本だと位置づけています。

これまでの仕事を振り返ると、私がやってきたのは、つまるところ、すべて「伝える仕事」です。

伝えるメインの対象はエンドユーザー（一般消費者）ですが、伝えることがうまくいかなければ商品もサービスも売れない。つまり「失敗」というタイトロープの上を歩いてきました。そんな中、「伝える」という、たった1つのことを研究してきました。

この本では、そうした長年にわたる「伝える仕事」を通して私が得た「〝伝えたつもり〟のなくし方」をお話ししたいと思います。

「伝える」「伝わる」、この言葉と無縁な人は世界中にひとりもいません。

ビジネスだけでなく、普段の生活も、すべて伝えることを基本に成り立っています。

生まれたばかりの赤ちゃんも必死で母親に何かを伝えようとするし、人生の最後の瞬間を迎えるときも、人は何かを伝えようとしてこの世を去ります。

人間同士のあらゆる関係は伝えようとすることで成り立つし、その伝え方が上手なほど、そこには良質な血液が流れ、良い成果を生みだしたり、良い関係を築くことができるわけです。それができなければ、すべて〝つもり〟で終わってしまうのです。

本書には、たくさんの実例や事例を盛り込みました。盛り込み過ぎたかな？　と思うくらいです。本書でご紹介する伝えるための技術を1つでも2つでも身につけていただき、みなさんのビジネスや人生に活かしていただきたいと思います。


では、伝え方劇場の開幕です。

「伝えたつもり」をなくす本　目次

CONTENTS

CONTENTS

第3章

すぐに使える伝え方28の公式

CONTENTS

CONTENTS

カバーイラスト　ヤギワタル
ブックデザイン　大口太郎
本文ＤＴＰ　横内俊彦
校正　矢島規男

第 1 章

伝え上手と伝え下手はどこが違うのか？

伝え方について考えるに当たり、まずは「伝える」「伝わる」ってどういうことだろう？　について考えてみましょう。

よく「コミュニケーション」という言葉を連発する人がいますが、何の意味で使っているのかわからない場合がほとんどです。お互いが同じ言葉を違う意味でとらえていては、話が噛み合うはずがありません。まずはそこを確認してみましょう。

01 「伝わるって何？」を考えたことがありますか？

単に口に出しただけでは、伝えていることにはならない

相手に伝わって初めて、伝えたことになる

「言わないことは聴こえない」

私が敬愛していた経営者が良くおっしゃっていた言葉です。

実に奥が深い言葉です。では、なぜその経営者はこの言葉を使い始めたのか？

それはまさに、その会社の中で「伝えていないのに伝えた気になっている人」が増えてきたからです。

本人は「言った気＝伝えたつもり」になっている。しかし、実際には伝わっていない。

恐らく相手の耳までは届いているでしょう。でも、心というか、脳というか、要は相手

の深いところまで届いていない。だから相手は自分の思惑と違う行動をとってしまったり、間違った行動をしてしまう。

「伝える」とは、単に口に出すこととは違います。ましてや独り言なんかではありません。独り言なんて誰も聴いていません。

しかし、独り言を言ったことで、伝えた気になっている人が実に多いのです。これではダメです。言い換えると、「相手に伝わって初めて、伝えたことになる」ということです。

まず何よりも先に「伝わるってどういうことか」を理解しないといけません。

伝えるとは、アイコンタクトではなく、言葉で行うもの

素晴らしい才能を持った哲学者がいるとしましょう。

頭（脳）の中では素晴らしい考え方を構築しています。カント、プラトン、ヘーゲル、ハイデッガー、アリストテレスといった著名な哲学者以上に素晴らしい哲学を持っているとしましょう。

しかし、その人がいくら優秀であったとしても、それが「話す」とか「書く」とか、い

わゆるアウトプットをしなければ「いなかったこと」も同じなわけです。「アウトプット＝発信」をしない限り、それは「存在しない」のです。

どんなに「自分は優れた哲学者なんだ！」と力んでみても、具体的に表現しない限り、「いないもの」なのです。

つまり、〝つもり〟ではダメです。〝届いたはず〟でもダメ。伝えたい人に、伝えたいことがキチンと過不足なく届いて初めて、「言ったこと」になるわけです。

そう、はじめに言葉ありきなのです。

伝えようと思うなら、伝わって欲しいと願うなら、まず言葉にすることです。それしかありません。

私たち、ビジネスに携わる人間に、アイコンタクトなんてないのです。

人は自分に関係あることしか聞こえない

では、なんでもかんでも言葉にすれば良いのか？　といえば、それもまた違います。

一方的に話すだけでは聞いてもらえないし、相手に届きもしません。

第3章で詳しくお話ししますが、心理学の世界に「カクテルパーティ効果」というものがあります。人は「自分が関心を持てる内容と関心を持てない内容」を自動的に峻別《しゅんべつ》する力があるということです。

みなさんも経験があると思います。街中を歩いていたり、お店でご飯を食べていたりするとき、遠くの人が話している言葉が突然耳に飛び込んでくることがありませんか。本来なら周囲がうるさくて、とてもじゃないですが聴こえるはずもない声が突然聴こえてくる。どうしてそうなるのでしょうか？

答えは簡単です。

「自分に関係あることだ」と思う内容に対し、「脳のアンテナ＝センサー」が働くのです。

これが、「伝わる」のメカニズムです。

そうです。人は「自分が関心のあること」「自分に関係のありそうなこと」にしかセンサーを向けないようにできているのです。

まずは相手に耳を傾けてもらう

私は仕事柄、知り合いの出版記念パーティに呼ばれることが多いです。そしてスピーチを求められます。

他にスピーチする方がたくさんいる場合もあります。そんなとき、よく観察していると、多くの方のスピーチは上滑りです。要は、「主催者＝本を出した人」に届いていません。ふわっとした、当たり障りのないお祝いの言葉は、その場では何となく聞いた気になりますが、人の心には残りません。

多少自慢っぽくなりますが、私のスピーチは後々、「あのときの中山さんの挨拶で目が覚めました」と言ってもらえることが多いです。

では、私がどんな話をするかというと、次のようなものです。

「○○さん、この度はご出版おめでとうございます。しかし、本当におめでたいのでしょうか？　ちょっと空気を乱す話をさせてください！

本が出ただけで喜んでいてはいけないと思うんです。あなたが書いた本を読んでくれた人が本から影響を受けて何らかの行動を起こし、何らかのプラスのもの、それは知識でも良いし、ノウハウでも良いし、勇気でも良いし、やる気でも良いし、人脈でも良い……。そんなプラスの何かを手に入れてもらうことが大事だと思うんですよ。そのプラスの何かのことを僕はＧ◯Ｐ（＊注　この◯にあなたのイニシャルを入れてください。私、ナカヤマならＧＮＰです）と呼んでいます。僕たちはこのＧ◯Ｐを増やすために本を書く。Ｇ◯Ｐの総量を増やすのがあなたの役割です。一緒に頑張りましょう！　今、この会場にいるみなさんは全員、このＧ◯Ｐを増やす会の会員です。ぜひ力を貸してあげてください」

これ、心に届くらしいです。

ある意味、会場がシーンとします。ひょっとしたら〝空気の読めない男〟と思われているかもしれません。

しかし、私はこれを言います。一番伝えたい、最も届けたいことだからです。「Ｇ◯Ｐ」という象徴的なキーワードを使うことで、その場にいるすべての人に伝えようとします。

この話をすると、多くの出席者が「あ、私も仕事を通してG○Pを増やさなきゃ」と思ってくれるらしいのです。

つまり、私がたった一人の著者に対して語ったことが、その場にいる多くの人に（も）届いた。そういうことなんです。

これが「伝わる」ということの基本形です。「届く」ということの原点です。

まずは耳を向けてもらえる。意識してもらえる。刺さる。動く。残る。抜けない。そうなっていかないとダメなのです。

02 「伝えたつもり！」が多すぎるワケ

伝える相手が集中して受け取れる状態をつくってあげる

コミュニケーションとは、ドッジボールではなく、キャッチボール

「前にも言ったよね！」

「何度言えばわかるんだ！」

職場ではこんなセリフが飛び交っています。これを聞くたびに私は思います。

「言ってないのよ！」「何度言ってもわかるはずないよ！」と。

先ほどもお話ししましたが、「つもり」ではダメなのです。

一方的に自分の言いたいことを言うだけでは、コミュニケーションではありません。投げつけです。

投げて、相手がキチンと受け取って、投げ返してくれて、あなたがその返ってきたボールを確認する。これがキャッチボールです。一方的に投げて終わり！　ではありません。自分勝手に言うだけでは相手は受け取れません。それではドッジボールです。下手をすると大けがにつながるかもしれません。

ちゃんと受け止めてもらうには、「相手が集中して受け取れる状態」にしてあげないといけません。

用意ができていないのにいきなり投げつけられては取れるものも取れません。

だからこそ、相手の関心をこちらに向ける必要があるのです。気持ちをこちらに向けさせないといけません。

「何度言ったらわかるんだ！」は、一度たりともちゃんと聴いてもらっていないということです。届かない言い方をしている証拠です。

人は〝新しいもの〟に反応する

人は常に新しいものを求めています。だからニュースを見ます。「ニュース＝新しいこと」です。

新しいことがあるのに、自分だけが知らないという状態を人はとても恐れるのです。

ですから「新しさ」を感じさせる表現は、人の耳を惹きつけます。

「臨時ニュースをお伝えします」とテレビでアナウンサーが語ると、ご飯の手を止めてでも見てしまいます。

単なるチラシを街頭で手渡されても受け取らないのに、「号外です」と言われたら受け取ってしまう。これが新しいものの強みです。

03 今の時代、あなたの発信に気づいてもらうだけでも一仕事

情報過多の時代は〝選ばれること〟を意識しないと伝わらない

相手に選ばれない限り聴いてもらえない

今の時代、情報が多すぎます。どう考えても、すべての情報を処理するなんてできるはずがありません。つまり、受け取る側は「選ぶ」しかないわけです。

ということは、当たり前ですが、「選ばれる工夫」が不可欠です。

選ばれるための戦いの土俵に私たちは乗っています。

著名人であっても、市井《しせい》の人であっても、「選ばれない限り、聴いてはもらえない！」ということになります。

ではどうすれば良いのか？　どうすれば選んでもらえるのか？　あるいは選んでもらう

キッカケを創れるのか？

自分の視点、自分の目線で〝自分らしい〟伝え方をする

それは「選ぶこと」です。

誰かが言ったことを丸投げするのではなく、どこかで聞いたようなことを横流しするのではなく、「あなたの視点、あなたの目線」で厳選して伝える。

それしかありません。

それが結果、「あなたらしさ」を生み出していく。

あなたが影響を受けた言葉や考え方は、多くの場合「その人にしか言えない言葉」だったはずです。

あなたらしいということは、どんな形であれ、あなただけの表現とか、あなただけの言葉がそこに表現されているということです。上手に話そうとか、上手く伝えようというのではなく、いかに自分らしい伝え方ができるか。そこを考えていただきたいのです。

あなたから発信された情報だ！　ということがわからないといけません。あなたらしさ

を持ちましょう。
あなたしか語れないこと。
あなたしか使えない言葉。
あなたしか知らないこと。
そこに徹底的にこだわってください。

04 伝え下手がやってしまっている3つのダメポイント

対象、主旨、結論が曖昧では伝わらない

その1　伝える対象が明確でない

誰に語りかけているかわからない……。そんな状態に陥ってはいませんか？

あなたが電車を使っているなら、「ご通行中のみなさま！」とか「○○駅をご利用のみなさま！」というアナウンスを聴いたことがあると思います。

どう思いますか？　自分に語りかけられていると感じますか？　感じませんよね。

もちろん駅を利用しているわけですから、あなた自身も「通行中のみなさま」のひとりではあるのです。しかし、まったく気持ちが届かず、心に響かない。どうしてでしょうか？

それは、語る側が誰に語りかけるのかをハッキリと決めていないからなのです。

「ご通行中のみなさま」と言われても、みんな自分のこととは思っていません。

要は相手を特定していないのです。コピーライティング的には、これを「ターゲット不在」と呼びますが、それでは届くものも届きません。みんなスルーです。

では、どうしたら良いのか？　どうすればスルーされないで済むのか？

それは相手を決めることです。

もう少し詳しい表現をすれば、「相手を特定する条件を交えて発信する」ことです。

たとえば、最近「老後の生活資金が年金以外に２０００万円必要だ」という話題がありましたが、まさにこれです
「老後の２０００万円なんてどうすれば手に入るんだよ！」と困っている人、悩んでいる人は山ほどいるはずです。

では、「○○駅をご利用中の、老後の２０００万円でお困りの方！」と言ってみたらどうでしょうか？

かなりの数の方が、「あ！　それ自分だ！」と思うはずです。そして、足を止め、耳をそばだてて、次の話を聞こうとします。これが「相手を特定する」ということです。

結論めいた話をすれば、「相手がピンと来ていない話題」をいくつ連ねても、まったく届

きません。相手には相手の興味ある話題があるわけで、そこに目を向けない限り、いつまで経っても伝わることなんてありえない！　というわけです。

その2　伝えたい主旨が曖昧である

それからもう1つ、伝わらない人に特有のダメポイントがあります。

それは、「主旨が曖昧」だということです。要は、何を言いたいのかがわからないのです。

たとえば、「この商品は買わないほうが良い！」ということを伝えなければいけないのに、その商品のことをいつまでもだらだらと解説しているようなケースです。

スポーツの試合解説で言えば、その選手の「ここを見て欲しい」というポイントを語らなければいけないのに、選手のプロフィールばかりを延々と話し続ける。それでは見るべきポイントを見逃してしまいかねません。

伝えたいのならば、「ここがポイントなんだ！」というのを決めて、そこをズバリと伝える。それが何よりも大事です。

その3　結論がハッキリしない

最後にもう1つ。

伝え下手の人は、「結論をハッキリ言わない」「結論を曖昧にする」という傾向があるようです。

たとえば、保険の営業マンから聞いた本当の話です。仮に営業マンが自分の親しいお客さんに大口のクライアントとなってくれそうな人を紹介してほしいと思ったとしましょう。お客さんに「ぜひお会いしてお伝えしたいことがあります」とアポをとって訪ねます。ここまでは良いでしょう。しかし、そこから延々と世間話をして帰ってきてしまう。何となく知り合いや友達の話をして、それでお終い。

本人は「大口のクライアントとなってくれそうな方を紹介してください！」と伝えたつもりなのでしょうが、お客さんの側からみると、「彼は一体何をしに来たんだ？」ということになる。このように結論を曖昧にしたままの人が実に多いらしいのです。

要は「お知り合いを紹介してくれませんか？」という一番重要な、一番大事なことを言葉にせず、曖昧にしたまま終わる。これでは伝わるわけがありません。シロート相手にアイコンタクトが成立するはずがないのです。

第2章

伝え上手が必ず使っている、25の伝わる特効薬

　伝え上手の人が、無意識にやっていることがあります。逆に言えば、伝え下手の人ができていないことがあります。

　本章では、私がコピーライティングに携わる中で身につけた手法をあなたに知っていただきたいと思います。どれも即使えるやり方なので、ぜひやってみてください。

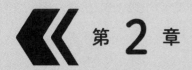

01 〈気づいていない人に気づかせる特効薬　その1〉
伝えたい相手を特定する
必ず自分が知っている誰かをイメージして話す

「伝える」とは、伝えたい相手と、伝わらなくても良い相手を分けること

目の前に具体的な誰かがいたとしたら、伝える相手を考えるとか、相手を決めるなどの工夫は要りませんよね？　その人に直接語りかければ良いのですから。

ですが、伝える相手が目の前にいない場合も多いし、逆に相手が多すぎる場合もあります。さらに、その相手がどこにいるのかわからない場合だってあります。

大勢の人の前で話さなくてはいけない場合などはまさにそうです。

第1章の駅の利用者のところでもお話ししましたが、漠然と「〇〇の方！」と語りかけても相手は反応しません。

私も経験がありますが、銀行でＡＴＭに並んでいるとき、スタッフの女性が「預金が○円以上の方がいらっしゃいましたら、とてもお得なお話があります！」と叫んでいることがありました。

これは大勢の人が反応します。

「あ、私だ！」という反応もあるでしょうし、「それ、私じゃないわ！」という反応もあるでしょう。重要なのはまさにそこです。

そうです。伝えるということは、伝えたい相手と、伝わらなくても良い相手を分けてしまうことでもあるのです。

「会ったことのない相手」をイメージしても意味がない

コピーライティングの世界では「ペルソナ」といって、コピーを考える前に「自分の理想のお客さんを決めて、その人の像を具体的に描き、その像に向かって書け！」と言われていますが、それはダメです。

どうしてかというと、自分の知っていることからしか発想できないからです。理想のお客さんなんて、自分が経験した人、実際に会った人の中からしか思い浮かびません。そんなのは理想でも何でもない、ただの「良いお客さん」程度です。

会ったこともない理想のお客さんなんて、そもそもイメージできるはずがないのです。理想のお客さんには、まだ会えていないし、そもそもいるかどうかすらわからない。そんな「実体のない相手」をイメージしてもうまくいくわけがないのです。

実在する誰かを必ずイメージする

かのスティーブ・ジョブズは、生前こんなことを言っています。

「多くの場合、人はカタチにして見せてもらうまで、自分が何を欲しいのかわからないものだ」

そうです。人は自分が見たことのあるものの中からしかイメージできないのです。イメージするとは、記憶にアクセスすることだからです。

しかも、誰かに何かを伝える場面において、そんな「理想のお客さん」なんていちいち気にしながら話すことなんて、よほどの人にしかできません。営業マンがトークを丸暗記していても、相手が思わぬ反応をした瞬間に、しどろもどろになるのと同じです。そうではなく、具体的に誰か一人、できるだけ実在する誰かを思い浮かべて話せばよいのです。

実在の相手ですから、その人のことは良くわかっています。「こんな表情するだろうな？」「こんな反応するだろうな！」とイメージできるので、話が具体的になり、わかりやすくなります。

ちなみに私は本を執筆するとき、「必ず知り合いの○○さん」という特定個人を決めて、その人のために書きます。もちろんテーマによって設定する相手は変わりますが、必ず「ある誰か」を決め、その人のためだけに書きます。すると、読者の方から「中山さんが直接私に語りかけてくれているようなイメージで読めました！」と言っていただけます。

コピーを書く場合も同様です。必ず知っている誰か一人を思い浮かべて、その人の気持ちに届かせようとして書きます。だから反応が上がるのです。ぜひ試してみてください。

02 〈気づいていない人に気づかせる特効薬　その2〉パワーキーワードを盛り込む

刺さる言葉は記憶に残る

相手が気になる言葉を意識的に使う

相手が気にしたり、気になるような言葉を盛り込むことはとても大切です。

ハリー・ベックウィスというマーケティング・コンサルタントが書いた本に、次のようなフレーズが出てきます。

「話す言葉ひとつひとつに意味をもたせ、粒ぞろいの言葉を使うこと。話していることに内容がないと分かるやいなや、人はそれから先を聞こうとはしない。」
（『「買いたい心」に火をつけろ！』ハリー・ベックウィス著　ダイヤモンド社刊）

これはまさにその通りです。意識して、相手が気になる言葉、身につまされる言葉、関心のある言葉を使うと強いのです。

コピーライティング的には、「儲かる」「すぐにできる」「誰でも簡単にできる」という要素を組み込むと、人の関心を惹くことが比較的容易にできると言いますが、これもまた真実でしょう。

普段は使わない強い言葉を使ってみる

それから、普段の会話には出てこないような強い言葉を使うことも効果的です。

たとえば、「ぶっ殺す」とか「絶対に許さない」とか「一生許さない」とか。もちろんそのままの意味で使うのではなく、あくまでも比喩として使うのです。

たとえば、次のような言い方です。

「つい先日、地元の商店街を歩いていたら、『あいつ！　ぶっ殺す！』と言いながら歩いているおじさんがいました。とてもストレスがたまっているんでしょうね。世

の中、なんだかかなり悪いほうに向かっている気がしちゃいました」
「僕には『絶対に許さない！』と思うくらい恨んでいる相手がいます！　それは5歳の頃の近所の女の子〇子ちゃんです。家族どうしで食事に行ったとき、僕が大事に大事に取っておいた大好きなハンバーグを、横から取っちゃったんです。あっという間の出来事でした。それからです。『僕が好きなことは先送りせず、待たずにどんどん手を出す』という考え方に変わったのは……」

私が大好きな広告にピエール・カルダンの広告がありますが、こんなコピーです。

「敵が多い。だから私は幸せだ。」
（ピエール・カルダン広告）

これも「敵」という、広告ではあまり使われない言葉を使ってオーディエンスの眼を惹きつけています。素晴らしい着眼ですね。

あなたも、あえて普段は使わないだろうという言葉を見つけて使ってみてください。人の心が大きく動く瞬間に立ち会えること、請け合いですよ。

03 話す順番に気をつかう

〈相手の理解を深める特効薬　その1〉

人には「聞きたい順番＝気持ちの動線」がある

高性能・高価格の場合は、価格を先に伝える

「伝える」ということを考える中で、順番・順序はとても重要です。人には「聞きたい順番＝気持ちの動線」というのがあるからです。

ですから、その聞きたいことが相手の口からなかなか出てこなかったりすると、じらされていると感じます。イライラします。結果、ストレスがたまります。そんな状態で良いコミュニケーションがとれるはずもありません。

あなたが語る商品のポイントは価格だとしましょう。たとえば、ダイソンの掃除機を思い浮かべてください。

ダイソンの掃除機が出た当時、かなり高めの価格設定でした。しかし、ダイソンの掃除機は価格の高さを補って余りあるくらい性能が秀でていました。それまでの日本製がまったく持っていなかった凄味を持っていたのです。つまり、凄い商品です。

この場合、価格を先に言うべきなのです。

「この掃除機は○万円です」と価格をズバリ言って、その上で「でもこんなに高性能！　国産品にはない素晴らしい機能が備わっているよ！」と言わなくてはいけないのです。

もし性能の話を先にして、期待値を上げに上げたうえで、最後に金額を言うと、「ここまで期待させておいてこんな値段！　買えるわけないだろ！　どうしてくれるんだ！」となります。価格を最初に言っておけば、その時点で「絶対に買えない人」は聞かないはずだからです。この順番を間違えると、最悪です。

機能の素晴らしさを語りに語って、なかなか価格のことを言わなかったらどうなるでしょう？

そうです。不審がられもします。怪しくなるのです。

ですから、こうした「価格が高いけれども圧倒的に高性能」な場合は、価格を最初に言い、その上で期待値を超える実力を示したほうが良いのです。

これが、「順番にこだわる」ということの意味です。

基本的に価格の情報は先に伝えたほうがいい

逆に、性能はそれなりでも、価格が驚くほど安かったりする場合もあります。

その場合も、価格を最初に伝えたほうがインパクトがあります。たとえば１００円ショップで扱われている商品などがそうです。

「性能はちゃんとしているのに、こんな値段で買えるんだ！」というのは刺さります。驚きを与えるのです。

私自身、広告のプレゼンをする場合、基本的に総額を最初に提示します。「この金額の中で実現可能なプランですよ！」と最初に提示することで、相手が安心して受け入れてくれるように工夫するのです。

逆に予算を言わずにプレゼンをスタートして、聴く側が内容に魅力を感じ、のめり込み、「どうしてもこの企画を手に入れたい」と思ってくれたとします。

でも最後の金額提示のとき、予想の２倍の金額が出てきたらどうなりますか？

「え？　ここまでその気にさせて何を言ってるの？　駆け引きしてるんじゃね～よ！」となりませんか。「時間を返せ！」となりますよね。

それは絶対にやってはいけないことなのです。

04 〈相手の理解を深める特効薬　その2〉「ワンメッセージ、ワンマーケット」

あれもこれもと盛り込むのは、伝えることにはならない

「1つのセンテンスに言いたいことは1つ」が原則

コピーライティングの世界には、「ワンメッセージ、ワンマーケット、ワンアウトカム」という有名な言葉があります。「1つのことを1人の人に、1つの目的を持って書きなさい！」という意味です。

これがないとどうなるのか？　話が取っ散らかります。「何を言いたいのか」がまったくわからなくなるのです。

統計調査の世界でも、「ダブルバーレルは禁止！」といって、1つのセンテンスに複数の意味を乗せるのはタブーと言われていますが、それと同じことです。

要は、「言いたいことは1つに集中・集約することが重要」ということなのです。

どうしても「あれもこれも」と盛り込みたくなりがちですが、それをやるとメッセージが散漫になり、まったく伝わりません。

「今回は○○についてだけ話す！」。そう決めて始めると実はとても楽です。悩まないで済むからです。迷ったり悩んだりしたら原点に返れば良い。最初に決めた○○に戻れば、何の苦労もありません。

しかし、色んな要素を組み込めば組み込むほど、たくさんの対応をしなければいけなくなるし、盛り込むべき要素が多くなる。これでは話のプロだって大変です。

以前、小泉純一郎元首相が良く使った手法です。「言うことは1つ」ということです。

人気が高い政治家の言葉はシンプル！

首相だったときの小泉さんは実に象徴的な言葉を連発しました。

「自民党をぶっ壊す！」とか、「郵政を民営化する！」とか、怪我を押して優勝した横綱貴乃花に対し「良く頑張った！　感動した！」とか。いつも言いたいことは1つに絞っていました。だからこそ彼の言葉は国民に届いたと思うのです。

アメリカでオバマ大統領が誕生した選挙のときも同様でした。

「Yes, We Can」という強烈なスローガンを掲げ、彼は大統領選挙を戦いました。あえて他の言葉を排除し、この一点で戦いました。それがオバマ氏を勝利に導いたのです。

1つに絞るとブレません。ブレようがないのです。あなたも悩んだり行き詰まったりしたときは「困ったときは1つの内容に集中する！」という原則を思い出してください。

大事なことは、「あ、この人はこれを伝えようとしているんだな！」と感じてもらうことです。あれもこれも、どれもこれもは結局、何も言わないのと同じなのです。

もう一度言いますが、一番重要なのは1つに絞ることです。これを心がけるだけで、ブレようがなくなると思いますよ。

05〈相手の理解を深める特効薬　その３〉「つかみ」を工夫する

自分にしかない視点や生き方を交える

型どおりの言葉は相手の記憶になにも残らない

私は著者仲間の催す会合や飲み会に良く誘われて出かけます。そして主催者の挨拶を聞く機会もとても多いです。

そんなときに良く聴かされるのが、「本日はお足元の悪い中、わざわざお越しいただいて……」という挨拶です。本当にみんな、判で押したようにこのパターンです。

それで何か伝わりますか？　来てくれている人の中に、何か印象的なものが残るでしょうか？　ノーですよね。

だって面白くないじゃないですか。「大体、挨拶というのはこんな感じじゃないの？」みたいな、流している感じというか、手抜き感が見事に透けて見えるのです。

工夫のかけらもないし、なんだか心がこもっていない感じがします。

文章でも同じことが言えます。

「○○様にはますますご清祥のことと存じ上げます」

「陽春の候、○○さまにはいかがお過ごしでしょうか？」

まったくありがたくないし、「どうせみんなに同じ内容を送っているのでは？」と思われてしまいます。

オリジナルの気づきを与える伝え方をする

では、どうしたら良いのか？

一番簡単で効果的なのはその日の「天気・天候」を盛り込むことです。たとえば、その日が雨の場合、「雨が降っています。早く止んでくれないと気持ちにも晴れ間が出ませんね」とか、「雨ですね。洗濯物が乾かずに困っている人、多いでしょうね。早く止んであげてください！」とか。

要は、相手が否定できにくい内容を天気に添えて言えば良いのです。仮にここで、「雨ですね、いやですね」と書いたらどうでしょうか。決して、世の中は雨が嫌いな人ばかりではありません。雨を待ち望んでいる人もいます。

だから反発を食らうような言い方はしないほうが良いのです。またそこに、ちょっとした気づきを書いてみるのもありです。

「常温のミネラルウォーターが冷たく感じられる季節になりましたね」

どうですか、気持ちを惹きつけられそうでしょ？

こうしたオリジナルの気づきは、大いなる力を持ちます。その人にしか書けないからです。その人の視点や、大げさに言えば生き方が出るからです。

天気にも気を配っていれば、こうした鋭いフレーズもたくさん手に入るのです。ぜひ挑んでみてください。

06〈相手の記憶に残す特効薬〉物語で引き込む

物語の持つパワーを最大限に活用する

他人事と思わせなければ勝ち！

物語を使うことはとても有効です。なぜかというと、人は物語に包まれて育つからです。生まれた直後から物語を読み聞かせられて育ちますし、いつも物語がそばにあるのです。

物語の強みは主人公になれることです。自分自身を主人公に置き換え、なぞらえ、〝化《け》体《たい》〟させることができる。だからのめり込むのです。

あなたにも経験があると思います。物語は、他人事ではなく、自分のこととして捉えてもらいやすいのです。

この「他人事じゃなくなる！」という感じが物語のすごいところです。

人は物語を最後まで聞きたくなるようにできている

それから物語の持つ最大の強みはこれです。それは「最後まで聞かないと終われない」ということです。

第3章の心理テクニックのところでお話ししますが、ザイガニック効果というものがあります。「途中で終わると何とも気持ちが悪い！」という心理です。

物語が始まって途中で、しかもとても良いところで終わったとしたらどうですか？　とても腹が立ちますよね。腹が立つというか、気持ちの行き場がなくなるのです。

テレビ番組でもそうですが、ラストシーンがないままドラマが終わったら暴動が起きますよね。

物語は最後までいかないと納得ができない。だからこそ、最後まで聞こうとしてしまう。ここは重要です。

ですから、あなたの物語を語りましょう。大したことでなくてもかまいません。ちょっとした物語を語るだけで、相手の気持ちは前のめりになります。仮にどうにも物語がないという場合は、あなたの知り合いや家族、友人、あるいはお客さんの中にある物語でかまいません。知り合いの○○さんがこんな不思議な体験をしたんだけど、その実態は実はこうだった！　などの話でも良いのです。

とにかく物語を交えてください。それだけであなたの話を聞いてもらえる確率は格段に上がります。

07 見てきたように語る〈ライバルとの違いを見せる特効薬　その１〉

相手の頭に映像が浮かぶように語る

自分の家の庭のように語る

私はお寿司が大好きです。色んな業態の飲食店がありますが、お寿司が一番好きなことは間違いありません。超猫舌の私でも食べられるし、何よりもすぐに出てくる。究極のファストフードです。しかも多くのバリエーションを楽しめる。素晴らしい日本の文化です。数ある寿司店の中で、私が日本一好きなお寿司屋さんが宮城県塩竈《しおがま》市にある亀喜《かめき》寿司です。ここのお寿司を味わうためにだけ、東京から新幹線で出向くくらいです。年に数回は仲間たちを連れて味わいに訪れます。

どうしてそんなに好きなのか？　というと、第一に親方の人柄です。親方の人柄を表すエピソードには事欠きませんが、特に親方が語る地元の海の話が秀逸なのです。

親方は地元塩竈の海のことを「うちの海」と言います。まるで自分の家の庭のように語ります。

「うちのウニはメタボなんだよね！」と話し始めます。そもそもウニとメタボという言葉が結びつきません。しかし、もうこの時点で一気に引き込まれていきます。

映像が浮かぶように語る

親方は続けます。

「うちの海は他の海と違って養分がたっぷりの海。だから海藻も太く栄養豊かに育ってるんですよ。普通ウニは栄養のある海藻を求めて海の底を移動するんで、とげとげが長くなる。アスリート体型だよね。でもうちのウニは移動しなくてもそこいら中に素晴らしい海藻があるんで、動かなくて良いわけ。だから足の短いぷっくりとしたメタボのウニになるわけですよ。食べてみます？」

と来ます。「ノー」という選択肢はあり得ません。

この親方の口上《こうじょう》がすごいのは、海の中の映像が浮かぶように語ることです。ウニがおいしそうに海藻を食べているシーンと、「メタボのウニ」という普段聞いたことのない言葉がセットになって強烈に脳内に再現されるのです。これを言われるともう絶対に忘れません。

この「言葉と映像のセット」が実に秀逸なのです。

亀喜寿司の親方の話は他にも山ほどありますが、続きを聞きたい方はぜひ店に食べに行ってください。まさに見てきたような話をたくさん聞かせてくれますよ。

08 〈ライバルとの違いを見せる特効薬　その2〉浅い言葉を使わない

誰もが当たり前に使う言葉は刺さらない

「浅い言葉」とは?

私が「浅い言葉」と呼んでいる言葉たちがあります。

誰もが口にできる、なんとなくもっともらしくて、でも中身のない言葉です。

「安心・安全」とか、「いつもお客さまのために!」とか、「笑顔を大切に!」とか、何の意味もない、すっからかんの言葉です。こうした言葉を混ぜると、いっぺんに言葉が軽くなります。「あの人、考えてないな!」となるのです。

そこいら中で誰もが使っている言葉、中身のない言葉、真意を問われても答えを持たない言葉。これらは使ってはいけないのです。

どことなく使いたくなる気持ちもわからなくはないです。たとえば「安心」とか「安全」。確かに大事です。しかし、「今さら何を言ってるの？」という感じではありませんか。

「正直さ」が言葉にかえって深みを与える

たとえば、こんなことがありました。某コンビニ本部から、使っているお米のコピーを書いてほしいという依頼です。その会社は中堅規模のコンビニチェーンで、予算面から、そうそう無農薬の米を使うことはできません。無農薬米は明らかに高いからです。せいぜい使えても、減農薬程度です。

本部からの依頼は、その減農薬をできるだけ良いものに感じられるようなコピーが欲しいということでした。

私は考えた末、こんな結論を出しました。

「減農薬で何が悪い！　減農薬で十分だ！」

データ的にも減農薬と無農薬の間に大した差はありません。逆に無農薬にこだわるあまり、価格がどんどん高くなります。無農薬へのこだわりがお客さんに高い支払いを強いているとしたら、本末転倒です。だからそこをハッキリと言いました。

結果は……売れました！

ちゃんとわかってくれる人はいたわけです。コンビニ本部の押しに負けて、言い訳がましい表現をしていたらきっと売れていなかったと思います。

できることをできる範囲で全力でやる。そのことをキチンと伝えれば、わかってくれる人はきっといる。

その考えが世の中に通用した瞬間でした。この精神が話の内容に重厚感とリアリティを加えてくれたのです。

09〈ライバルとの違いを見せる特効薬　その３〉「先制の戦略」を活かす

業界では当たり前の情報でも、消費者には価値のある場合がある

相手の知らない情報を先駆けて発信する

「先制の戦略」とは、「当たり前だけど、まだお客さんが知らない価値ある情報を、ライバルに先駆けて発信する！」という手法です。

この「先制の戦略」に関しては、シュリッツビールの成功例が有名です。

遥か昔のアメリカでのことです。このとき、どのビール会社の広告も、基本的には同じようなメッセージでした。

「私たちのビールは純度が高いものです」

ここでシュリッツは、業界で初めて、ビールの製造工程を事細かく消費者に伝えたので

す。コンサルタントのクロード・ホプキンスからこの助言を受けた当初、経営陣はこう言いました。

「なぜ、そんなことをする必要が？　どこの醸造会社もうちと同じことをやっているのに」

確かに製造工程自体は他社とさほど変わらないものでした。これでは「独自の強み」というＵＳＰ（Unique Selling Proposition）の定義とは真逆です。

しかし、以下の製造工程に関する宣伝を読んでみてください。

「シュリッツのビール工場はミシガン湖のすぐそばにあり、当時、その水は大変きれいなものだった。

工場がその湖岸にあったにも関わらず、シュリッツは深さ１５００メートルのアルトワ式井戸を二つも掘っていた。

最高のビールを作るのに最適なミネラルを含有した水は、その深さまで掘らなければ見つからなかったからだ。

一番豊かな味と口当たりを生みだす醸造酵母菌の元菌を見つけ、それを開発するのに、５年以上かけて１６２３回の実験をした。

水を超高温まで熱し、再び冷却して液化する。しかも、完全に不純物を取り除くために、それを3回も繰り返す。

ビン詰めして送り出す前に、純粋で豊かな味を確認するため、一度の醸造ごとに必ずテイスティングをする。」


いかがですか？

確かに他社も同様の製造プロセスを経ていると思います。しかし、シュリッツビールは、どこにも先駆けてそれを伝えました。

その瞬間、ライバル社はすべて二番煎じになります。今さら言えない。シュリッツの「先制の戦略」が他社を無力化したのです。この広告でシュリッツビールはシェアナンバーワンになりました。

「工場が消えてなくなる」再春館製薬所の画期的な取り組み

日本の例で言えば、再春館製薬所が画期的な取り組みをたくさんしています。同社のテレビコマーシャルにこんなフレーズがあります。

「ドモホルンリンクルを作る工場のラインは、毎日4時間消えてなくなります。それは徹底的に洗浄するために、全部で198点にも及ぶ部品をバラバラに分解するからです」

これもまた「先制の戦略」です。

考えてもみてください。工場は稼働してナンボの世界。稼働率の高さこそが、工場の価値。そんな側面があるわけです。

そこを再春館製薬所はあえて、「工場が消えてなくなる」という表現をします。動いているべき工場が停まる。これもまさにマーケティング的には「先制の戦略」です。

業界他社が言わなかったことを初めて表現したのです。工場を停めることの意味を先駆けて伝えているわけです。

当然ながら他社も部品の洗浄はしています。していないわけがありません。でも、先に言ったもの勝ちです。

この広告によって、再春館製薬所は「洗浄、清潔に徹底してこだわっている会社」という位置づけになりました。「唯一！」くらいの見え方をしてしまうのです。

どんどん製品を作り、次々に広告を展開し、タレントを変え、表現を変える。そうして日々、売上げを上げていく。それこそが普通のメーカーの姿です。

そこに真っ向勝負で、「工場が消えてなくなります」という、ある種のアンチテーゼを放つ。そのことこそが再春館製薬所の凄味です。これ、「勇気あるな～」と思いますよ。

「店舗で麺を打つ」丸亀製麺所の取り組み

もうひとつの例は、丸亀製麺所です。

「丸亀製麺では、全国すべての店舗で、小麦粉から打ち立ての麺を作っています。工場で大量生産をしない。作り置きもしない」

というコピーでCMをやっています。

もちろん例外はあるでしょうが、うどん屋さんと蕎麦屋さんの多くは、その日の朝に麺を打っていると思います。業界的に言えば、当たり前すぎて「今さらかよ！」ということでしょう。

しかし、このことを「お客さん側が知っているのか？」といえば、決してそうではないでしょう。そんなこと、意識すらしていないと思います。

だから新しく感じるわけです。丸亀製麺だけが圧倒的な鮮度感をまとうことができるわけです。実に上手、見事に戦略的です。

シュリッツビール、再春館製薬所、丸亀製麺所。

これらの事例から学ぶことは山ほどあります。あなたも自分の「先制の戦略」を考えてみてください。業界では当たり前で、お客さんが知らなくて、自社がやっていて、他社が伝えていないこと。その観点で切り口を探してみてください。

間違いなく、ビジネスが変わること、請け合いですよ。

10 〈ライバルとの違いを見せる特効薬　その4〉敵(対立軸)をハッキリさせる

敵を設定することで、味方を顕在化させる

“敵”と“味方”を設定する

敵を明確にすることで、その人のこだわり、生き様が見えてきます。だから、エッジがキラキラと光ります。結果、それをよしとする味方が集まります。

そうやって、“敵”を対立軸として集まった味方は強いです。

はるか以前、ダイエーの創業者中内㓛《なかうちいさお》さんは、「見るは大丸、買うはダイエー」という敵(百貨店)を強烈に意識したコピーを展開しました。

そして「ひょっとしたら百貨店は主婦の味方ではないのかも?」と気づいた奥様たちが一気にスーパーへと押し寄せました。こうして「スーパー」という業態が世の中に根づいていって、市民権を得たわけです。これが「敵を作る」ということの意味です。

その上で、去って行く人を追わず、結果、意思が通じて残ってくれた人。これを本当の人脈と言い、味方と呼ぶのです。

敵＝対立軸をハッキリ見せると味方が出てくる

敵を作るには、自分のエッジを立たせるには、敵を示す言葉を駆使するのが一番です。

たとえば、コンビニのセブン‐イレブンの初期のＣＭに使われていたフレーズを憶えていますか？

「セブン‐イレブンいい気分♪　あいててよかった♪」と流れていました。

それまでの小売店は、どちらかと言うと本当に開いていていてほしいときに開いていませんでした。電球が切れても電気屋さんは閉まっているし、お米が切れても米屋さんは開いていない。そんな実態に強烈な楔《くさび》を打ち込んだのがセブン‐イレブンでした。コンビニエンスストアの興隆は、既存の小売り店を敵として始まったのです。

このように、敵＝対立軸をハッキリ見せてやると、あなた自身もくっきりと見えてきます。

私自身、嫌いなものや嫌いなことを明言します。すると面白いことに、「中山さん、○○嫌いなんですって？　私もそうなんですよ！」という人が寄って来てくれます。結果、仲良くなれます。仮にそのことを明言せずにいろんな人と付き合うと、あるときにそれが発覚した場合、とても気まずくなるのです。揉め事の元です。

だからハッキリと打ち出すことです。わかるように伝えることです。結果、「あなたがいいんだ！」という人が寄ってくるわけです。

そんな本物の仲間、味方とだけ生きていけば良いのだと思います。

11 〈心の距離を縮める特効薬　その1〉専門用語は使わない

専門用語を使うのは、伝える努力を放棄しているのと同じ

専門用語はわからない人に疎外感を与える

専門用語を使いたがる人っていますよね？　自分だけが知っている言葉を使って悦に入りたいのでしょうか。

それは意味がないです。というより嫌われます。

専門用語とは、あくまでも専門家たちの中での共通の用語です。その世界に無縁の人に対して使うのは嫌がらせであり、時には暴力です。自分には当たり前でも、他の人たちにはまったく当たり前ではないのです。

専門用語を使われると、聴いている側はどう感じるでしょうか？

そう、疎外感を抱きます。極論を言えば、排除されたように思います。あるいは煙にまこうとしているのか？　とも感じます。だから専門用語を使ってはいけないのです。

専門用語を使うマイナスの意味を理解しよう

私たちが何かを語ったり、伝えようとするのは、つながりたいからであり、理解してもらいたいからであり、知って欲しいからです。

専門用語というのはその真逆を行くものです。相手を遠ざけます。専門用語をそのまま使おうとするのは、伝える努力を放棄しているということと同じなのです。

だからこそ、専門用語を使わずに、自分の都合に逃げずに、一生懸命、必死で伝え方を考える。届く言葉を探す。その努力が必要です。

その努力があってこそ、初めて、あなたが言いたいことが伝わり、あなたが伝えたいことが届くのです。

専門用語を使うことのマイナスの意味をご理解いただけましたか？

12 〈心の距離を縮める特効薬　その2〉親身になる

相思相愛はビジネスにも当てはまる

相思相愛はビジネスでは理想の形

松岡圭祐《まつおかけいすけ》さんの小説に、こんなフレーズが登場します。

「自分が愛情を持たないかぎり、相手の愛情には気づきえないってこと……。まずこちらから信頼してこそ、相手の信頼を感じとることができるってことかな。」
（『千里眼　ファントム・クォーター』松岡圭祐著　角川文庫）

伝えるということは、まず相手に関心を持つことから始まります。

そして関心を持つということは、相手をしっかり、じっくり見ることにつながります。結果、相手のことがよくわかり、よく見えます。

信頼とは知ることから始まります。知らないのに信頼するもしないもありません。知って、相手の良いところを発見し、伸ばしてあげようとする。すると相手もその気持ちに応えてくれようとする。これこそが実は相思相愛。

そう、相思相愛は決して恋愛に限ったことではありません。むしろ、ビジネスにこそ合う発想です。

会いたいお客さんが決まっていて、その会いたいお客さんが来てくれる。認め合った同士がビジネスのやり取りをする。実はこれが理想の形なのです。

人は自分に関心を寄せてくれた相手に好感を抱く

私も著名な経営者に取材に行く場合は、相手の方が驚くくらい事前リサーチをします。徹底的に調べます。そうしておかないと、インタビューの最中に、「こんなことも調べてないのか！」と腹を立てられることがあるからです。そうなるとどんなインタビューも失敗ですし、面白く価値のある話など聞けようもありません。

某上場企業の経営者にインタビューをしたときのことです。もう20年近く前にその方がインタビューに答えている雑誌の記事があって、私はそれを読んでいました。

インタビューの中で、「『○○雑誌』のインタビューで、以前○○とおっしゃっていましたよね？」と質問を投げかけると、「え？　そんなことまでチェックしてくれてるの？　すごいね！　自分でも忘れてたよ！」という話になり、以降、その経営者へのインタビューは、私に優先的に声がかかるようになったのです。これも、愛情を持って、事前の準備をしていたからだと思います。

人は自分に関心を持ってくれる相手を邪険《じゃけん》にはできません。逆に好意を持ちます。よく、嫌われるよりも無関心のほうがキツイみたいな話が出ますが、まさにそうなのです。

まずは関心を持つ。そのことを具体的に表明する。私の場合、過去の雑誌記事にたどり着いていたことがそれに当たります。

そうして心を解きほぐしていくのです。ぜひやってみてください。

13 〈心の距離を縮める特効薬　その3〉気分を害さない断り方

一方的な通告は相手を不快にさせるだけ

「どうしても外せない用事」は絶対に使ってはいけないフレーズ

急に予定をキャンセルしなくてはいけない場合って、ありますよね。

私自身は、原則として「先に入れた予定を優先！」というマイルールに従って動いていますが、それでも何年かに一度くらいのペースで、例外は生じます。

そのとき、相手を不快にせず、「それなら仕方ないな～」と感じてもらえるような断り方というか、表現をしないと、後々面倒なことになってしまう場合があります。

たとえば、社内の会議、あるいはちょっとした集まりに誘われていて、エントリーをしていたのに、当日どうしても断らないといけない場合です。

そんなとき、絶対にやってはいけないのが「どうしても外せない用事ができたので欠席させていただきます」と表現することです。これ、結構多くの人がやっていますが、実に怖い、絶対に使ってはいけない表現です。

「どうしても外せない用事ができた」という表現を使ったときに相手の心に芽生えるのは、「どうせ私の用事なんて、いつでも気軽に外せる用事だったわけだね。要は腰掛けだ！」です。私は色んな形でリサーチしましたが、かなりの人がそう感じるようです。

何事も同じですが、「こう言ったら相手はどう感じるだろうか？」という配慮を忘れてはいけません。両てんびんをかけている感じが伝わったらアウトです。

断る理由をきちんと説明する

私は以前、これと同じケースでとても嫌な思いをしたことがあります。

私が主催する出版記念パーティがありました。以前からの知り合いはもちろん、いろんな場所で知り合った方にも告知しました。するとほぼ一番乗りで、あるビジネス書の著者さんから参加の返事をいただきました。秘書の方も一緒に参加すると言っています。

それからほぼ1カ月後、「本番まであと2日」というときに、その方からメールが来ました。「〇日の件、どうしても外せない用事ができたので、キャンセルさせてください。この件に関しては秘書も同様にキャンセルです」と書かれていました。一方的な通告です。

このとき私の頭に芽生えたのは、「私のパーティはいつでも気楽に外せる用事だったのね」という思いと、「『とりあえずエントリーしておこう！』という感じなわけね」という怒りです。その日のパーティを私はとても沈んだ気持ちで過ごしました。

その方とは以降、1ミリも接点を持っていませんし、今後も会うことはないでしょう。では、彼はどうすれば良かったのか？

それは、「そうなった理由をキチンと説明すること」です。

そこは本当でも嘘でも良い。嘘も方便と言いますからね。

たとえば、「海外から、この日しか時間の取れない方が来日することになりました。その方は私が以前からアプローチしていた方で、当方にとってもとてもとても大事な相手です。中山さんのパーティとてんびんにかけるわけではありませんが、千載一遇《せんざいいちぐう》のチャンスなんです。そちらを優先させてください」みたいな感じです。

いささか大仰《おおぎょう》な感じもするでしょうが、このくらいの表現をしてやっと……という感じなのです。このように理由や根拠がしっかり示されていると、相手もなかなか怒れないものですし、「次もあるか」と思えます。しかし、その説明がまったくなく、一方的な通告のような言い方で終わっていると、「あいつ、自分のメリットを優先したんだな」と思われるだけなのです。

結果、関係がガタガタになってしまうことも多いです。どっちがいいですか？　ということですね。

14〈一定の人だけに読ませる特効薬〉あえて専門用語を使う

特定の世界の人々に訴えるには、専門用語を使ったほうが効果的

テクニカルタームの持つ効用

「テクニカルターム」という言葉があります。ある世界にいる人だけに通じる言葉のことです。

また「ジャーゴン」（jargon）という言葉もあります。英語で「その界隈でしか通じない専門用語」「隠語」「符丁」といった意味合いの言葉です。「スラング」と似たようなニュアンスで使われますが、階級や世代、文化を背景とするスラングと比較すると、より「専門用語」という意味合いが強い言葉です。

さて、先に「専門用語は使うな！」と話しましたが、ここではその真逆を話します。

たとえば、医者相手のビジネス。わかりやすく言えば、医薬品とか医療機器を販売する仕事に就いている人が専門用語を知らずに医者や技師に会ったらどうなるでしょうか？

完全に見下されて終わりです。

「こいつ勉強してないな！　勉強もせずに売り込みに来てるのか？　アホか！」と思われて終わりです。

他にも、プログラマーとかSEの世界。これまた専門用語の飛び交う世界です。私も時々、仕事がらみで彼らと話すことがありますが、まるで宇宙人と話しているようです。さっぱり意味がわかりません。

そういう人たちは、ある程度の専門用語を理解した上で会わなければ相手にしてもらえません。完全に異物扱いです。

要は、「相手次第」で片づけてしまえば元も子もないですが、そういうことです。つまりは「工夫」の一環ですね。少なくとも、会話の中で相槌《あいづち》を打てる程度の用語知識は必須でしょう。何事にも例外はあり、その例外も重要です。

伝えるということは相手を知ること。まずはそこを考えて、挑まなければいけないのだということを肝に銘じていただきたいと思うのです。

15 〈インパクトを最大化する特効薬　その1〉常識の逆を行く

一般的に言われていることの逆のインパクトは絶大

常識の逆をしかるべき理由で納得させる

私が2年前に書いた本のタイトルに、『9時を過ぎたらタクシーで帰ろう。』（きずな出版）というのがあります。

「え？　タクシーって深夜に乗るものじゃないの？」誰もがそう思っているので「なんじゃそりゃ？」となるわけです。

このタイトルの意味は、「深夜に電車で帰ると疲れてしまうし、その日の楽しかった時間がすべて台なしになってしまうので、翌日に気持ちよく目覚めて良い仕事をするためには、たまには早めにタクシーで帰るのもありでしょ？」ということです。いわゆる常識と逆なのでみんなドキッとします。

結果、この本は売れました（笑）。

また、同じ年に、『整理整頓をしない人ほどうまくいく。』（きずな出版）という本も出していますが、この本も同様です。「クリエイティブな発想は、キチンと整頓された無機質な空間よりも、多少雑然としたくらいの場所のほうが生まれやすい！」という意味を伝えるタイトルです。

このように一般的に言われていることの逆を言うと、インパクトは抜群。そしてしかるべき理由で納得させると信頼も劇的にアップするということなのです。

常識の逆を行く言葉を駆使するとインパクトは倍増

私が大好きな作家、今野敏《こんのびん》さんの小説に『事件屋』というのがあります。その中に、次のような言葉があります。

「戦おうとするだけでは味方は出来ない！　戦っている人間にだけ味方は出来るの

だ！」

（『事件屋』今野敏著　光風社出版刊）


普通は「戦おうとすれば味方はできるのでは？」と思いがちですが、今野さんは「いや違うよ！　実際に戦ってこそ戦いだよ！　つもりではダメなんだよ！」と伝えます。

これまた一瞬、常識の裏を行くすばらしい言葉です。

また、「ゴールは目指すな！　駆け抜けろ！」というのもあります。これは私が生み出した言葉ですが、ゴール地点を目標にするとそこで力尽きてしまう。人は終わりが近づくと減速するからです。そうではなくて、「ゴールを駆け抜けるくらいの余力を持って挑めば成果は大きなものになるよ！」という意味合いです。

こんな風に、常識の逆を突く言葉を駆使できると、伝わるチカラは倍増どころか何倍にもなります。ぜひチャレンジしてみてください。

16 〈インパクトを最大化する特効薬　その2〉ファイナルフレーズにこだわれ！

終わりの言葉次第でメッセージ全体の印象は変わってくる

「ファイナルフレーズ」の持つ重要性

あなたが誰かと会っていたとして、別れ際の言葉って気になりませんか？

単に「じゃ、またね！」と言って別れるのと、「明日も良い一日にしましょう」とか「明日も笑顔で会いましょう！」と言って別れるのとでは、相手に与えるインパクトというか余韻がまるで違ったものになる気がしますよね。

この「別れ際の一言」を私は「ファイナルフレーズ」と名づけました。これ、とても重要です。

どうしてかというと、人はいくら大切な内容でも、後半に向かえば向かうほど記憶しにくくなるからです。色んな情報が入ってくればくるほど、大事な内容までもが薄まってしまい、伝わりにくくなってしまうのです。だからこそ、締めの言葉、ファイナルフレーズが重要になってくるのです。

「終わりが始まりの法則」

話が終盤に差しかかると、聞き手は「そろそろ終わりだ」と感じます。そしてリラックスしてしまって、脳からα波が出ます。その瞬間、気持ちと脳に余裕が生じ、新しい情報が入ってきやすくなります。そう、脳には別腹《べつばら》があるのです。

これは私がマーケティングの仕事をする中で、何千人という人に話を聞く中で発見した「終わりが始まりの法則」です。最後に使われる言葉が本気の思いとして取られやすいし、気持ちの中にスーッと入って行きやすいんですね。

たとえば、話の終わりが「どうかよろしくお願いします」というのと、「そうはいっても中山さんがお忙しいのは重々わかっていますので、無理のない範囲でお知恵を貸していただけるととても嬉しいです」と言われるのでは、どちらがインパクトあるでしょうか。

もちろん後者です。

ファイナルフレーズが優しい言い回しだと全体の印象が優しくなるし、逆にきつく冷たい言い回しだと全体の印象も冷たく、硬くなってしまいます。そこに気をつけて、あなたなりのファイナルフレーズを見つけてください。

17〈インパクトを最大化する特効薬　その３〉誰も知らない名言を盛り込む

インパクトのあるネタをゼロから考える必要はない

小説は誰も知らない言葉の宝庫

いわゆる、名言集とか新聞で語られる言葉に新味はありません。でも誰も知らない部分に心を動かすフレーズはたくさん隠れています。その鉱脈が本です。

特に小説は、そうした珠玉の、しかも誰も知らない言葉の宝庫です。言葉のプロである作家が、身を削ぎ落として見つけた表現、言葉なわけですから。

たとえば、「反省してる暇があるなら、今、出来ることをやった方がいい！」。これは、堂場瞬一さんの『七つの証言』（中央公論新社）という小説の中で、主人公の刑事、鳴沢了が吐く言葉です。

これに、私なりの解釈・解説をつけてみるとこうなります。

反省とか後悔とか、悩みとか……キツイことを言うようですが、それらは何も生み出しません。
悩んでいる間は、先に進まない。単なる停滞であり、行動を遅らせているだけですよ。
失敗は取り戻せる。ですが、取り戻そうという意思を持って動き出さない限り、決して取り戻すことなんてできない。いずれの成果も、行動の延長上にしかないんです。

こうした解釈をつけてやれば、それはあなたの言葉になります。私はこの手法を良く使います。そして「良い言葉ですね〜」と感動されます。自分が生み出した言葉でもないのにです。

もうひとつ、「仕事が忙しくて遊ぶ時間がない」という人が大勢います。これを二流と呼ぶのだそうです。

『文章がうまくなるコピーライターの読書術』（鈴木康之著　日経ビジネス人文庫）に書い

てあります。

これにも私は、こんな解釈をつけました。


忙しい！　忙しい！　と言う人ほど、生産的な仕事をしていなかったりします。

他方、本業の仕事のみでなく、趣味にも忙しくて仕方なさそうなのに、良く遊ぶ人もいます。

こういう人が一流なのだそうです。

時間は作り出すもの。工夫さえすれば時間は作れる。

私はそう信じていますし、実際にやってみたらできました。

時間を作り出そうとすれば、どうしても今の仕事や仕事のやり方を抜本的に見直さなければいけません。


という感じです。

こうしてゼロから考えるのではなく、誰かがすでに考えてくれた言葉を駆使するのも、伝えるという行為においてはとても重要です。見逃さないでください。

もう一度言います。名言を追うのは良い。でもそれはみんなが知っているものだと色褪《あ》せてしまっている。だから手垢のついていない小説を読んだほうが良い。そういうことです。

18 〈インパクトを最大化する特効薬　その４〉ウンチクを駆使する

相手に「いい話、教えてもらった！」と思わせたら勝ち！

人は役立つことを教えてあげると喜ぶ

以前、高い視聴率を誇った『トリビアの泉』という番組がありました。どうして人気があったのかといえば、「人は知りたがりだから」です。

一般的に人が知らない、でも役立ちそうなことを教えてあげると相手は喜びます。そして「何らかのお返しをしなきゃ！」とまで思ってくれる可能性も生まれます。

たとえば、こんなウンチクです。

「始まりがあり、終わりがあり、お客さまとの約束を果たすもの。それがプロジェクトだ！」

（『トム・ピーターズのサラリーマン大逆襲作戦②セクシープロジェクトで差をつけろ！』トム・ピーターズ著　CCCメディアハウス刊）


これ、ウンチクとしてバンバン使える、まさに名言だと思います。これをそのまま、あなた自身に当てはめてみてください。そう、自分との約束と考えるのです。

明確な理由を持ってスタートしたか？

キチンとした終わり、けじめはあるか？

クライアントとの約束を、完璧に果たせたか？

この問いは、自分自身にこそ向けられるべきものでしょう。

実にすばらしい示唆だと思います。教わった人は即、使いたくなるのではないでしょうか。

「バタフライ効果」はこう使う！

それからこんな例もあります。

１９６３年、気象学者のエドワード・ロレンツは驚くべき仮説を発表しました。

それまで数十年の間、人々は世界の気象現象を一つの巨大な機構のようなものととらえ、その中で、様々な現象が調和を取りながら発生していると考えていました。

つまり、大きな原因は大きな結果をもたらし、小さな原因は小さな結果をもたらすと考えられてきたのです。

ロレンツはこの説に疑問を投げかけました。

ロレンツを悩ませた疑問は風変わりではあるものの単純でした。

「シンガポールで羽ばたいた蝶が、ノースカロライナのハリケーンを引き起こすことがあり得るのか？」というものでした。

研究を重ねたあげく、ロレンツはこの問いにイエスの答えを出しました。

ロレンツの仮説は「バタフライ効果」と呼ばれ、予測の不確実性に関する研究結果としては、過去40年における代表的なものの１つとなっています。

天候はマーケティングの企画と同じく、ちょっとした原因が大変な結果を引き起こすものなのです。

これを、人に置き換えて、

「あなたの小さな小さな羽ばたきが、大きな大きなハリケーンを起こす可能性はいつもあるんです。どうせ大した仕事ではない！　と羽ばたくことをやめてしまっては、一切の活路は閉ざされてしまいます。羽ばたきましょう。ロレンツの言葉、バタフライ効果を信じて、羽ばたき続けてください」

などと締めくくれば最高です。家に帰ってバタフライ効果を調べる人が続出すると思います。

このように、ウンチクを語り、相手も「お！　これは役立つな。使わせてもらおう」となれば最高です。あなたも、あなたなりのウンチクを探してみてください。

19 〈インパクトを最大化する特効薬　その５〉二度驚かせる

一度だけでなく、二度驚かせれば、驚きは感動に変わる

二度驚かせることのインパクト

「お客様が二度驚く。それを「感動」と言う」

これは、私の友人が書いた『言葉ひとつで「儲け」は10倍！』（岩波貴士著　青春出版社刊）という本に登場するフレーズです。

この本には、次のような例が挙げられています。

「実は俺さ、先月とうとうパパになったんだよ」

「エッ？　おまえ、子供生まれたのか。おめでとう！」

「で、男の子、女の子、どっち？」

「ああ、両方だよ」

どうです？　二度驚かすってすごいでしょ？　ビックリ度が倍加しませんか？

一度驚くだけなら、気持ちの動きは軽いジャブ程度かもしれません。しかし、そこに追い討ちをかけるように、新たな驚きが被さってくると、その驚きは「感動」に変わるのです。擬音で言えば「ヒョエ〜〜」という感じです。

ある意味、一度驚いた心の揺れで生じた油断の隙間を襲う、二度目のダメ押しという感じでしょうか。

セールストークにしろ、普段のやりとりにしろ、メールでのやりとりにしろ、意識して、二度驚かせることをやると、相手へのインパクトは桁違いに大きなものになります。

高度だが効果は劇的なやり方

私が最近耳にした例としては、串カツ田中のエピソードがあります。

「串カツ田中は店内で、子供が自分でソフトクリーム作れるんだよ」

これが一つ目の驚きです。

まずはそのことを伝え、それだけでも嬉しいところに、さらに、追い討ちをかけるように「小学生以下はタダなんだよ！」とダメを押すのです。

これ、すごい感動しますよね？

二度驚かすというのは、多少高度なテクニックではありますが、効果は劇的です。二度重ねると、効果は果てしなく増加します。

あなたもこの〝二段重ね作戦〟、使ってみてはいかがでしょうか。

20〈効率的に伝える特効薬　その1〉
言葉の仕入れ

自分がいいと感じた言葉をいつでも使えるようにしておく

ボキャブラリーが豊かなほど表現は深くなる

結局、発する言葉は持っている言葉の総量で決まります。言い換えれば、持っている言葉の数が少ない人は表現も浅くなります。当然ですね。組み合わせの数が制限されるわけですから。

私が敬愛してやまない作詞家の故・阿久悠《あくゆう》先生の言葉がこれです。

「たくさんの言葉を持っていると、自分の思うことを充分に伝えられます。

たくさんの言葉を持っていると相手の考えることを正確に理解出来ます。」
（『生きっぱなしの記』阿久悠著　日本経済新聞出版刊）

まさにこれです。

何かを伝えようとしたとき、あなたが言いたいことはすべて言葉の組み合わせです。あるいは言葉から派生するイメージです。

気づいた言葉は忘れないように常にストックしておく

小室ファミリーのＴＲＦの楽曲『BOY MEETS GIRL』という私の大好きな曲の歌詞に、「あなたと過ごした日は20世紀で最高の出来事♪」というフレーズが登場します。

およそ若い男女の出会いを示した歌詞で、これ以上の強い表現を私は知りません。「20世紀で最高！」、どう考えても凄いです。

これを書いたのは小室哲哉《こむろてつや》さんですが、彼は作詞家としても天才だと思います。言葉のバリエーションが豊かでなければ絶対に出ない発想です。

「こういう意味の言葉を紡《つむ》ごう！」と思わない限り、絶対に浮かばない言葉。だからこそ、言葉の仕入れが必要で、組み合わせる材料が不可欠なのです。

では、「どうやって言葉を仕入れるのか？」と言えば、「気づいたものをストックしておく」以外にありません。メモを取るのも良し、録音しておくのも良いでしょう。

秋元康《あきもとやすし》さんは、背中に背負子《しょいこ》を背負っているイメージだと言います。背中に背負子を背負っていて、気づいたり、気になったりした言葉を「そのカゴにポイ！」と、とりあえず入れておくのだそうです。

もちろんこれはイメージであり、本当にカゴを背負うわけではありませんが、こうした記憶の中にストックされた言葉を、随時引っ張り出して使っているわけです。秋元さんのバーチャルかご、かなり重いと思います。私自身、ほぼ同じやり方をしていたので、この方法はおすすめです。

この話をすると、「メモを取っておかないと忘れちゃうんじゃないですか？」という指摘を受けますが、その答えはこうです。

「本当に必要な言葉なら、いざというときに必ず思い出すから」という前提です。そのくらい、自分が興味を惹かれた言葉にはこだわりなさい、ということなのです。

21〈効率的に伝える特効薬　その2〉話に小見出しをつける

相手が理解しやすいように話の構造を考える

小見出しの有用性とは

人は焦ります。速く伝えたい、さっさとわかって欲しい、早く言いたいことを言って楽になりたい。だからこそ、焦るのです。

しかし、ただ単に速くしゃべろうとしてもそれでは伝わりません。

①【話す側と聞く側にはスピードのズレがあります。これを意識しましょう】

話す側の思考スピードと、聴く側の思考スピードには、必ずズレがあります。

話す側は話すことをあらかた決めてから話します。仮にアドリブであっても、話す方向くらいはぼんやりと決まっています。

しかし、聴く側はそうではありません。すべての言葉が、フレーズが、すべて初めての言葉、初耳です。飛び込んできちゃうわけです。

そのズレをどうすれば是正できるのか？　というと、小見出しです。

②【小見出しがそのズレを修正します】

話すことの節目節目、切れ目切れ目に小見出しをつけるのです。

たとえば、「これから○○について話しますね！」というような念押しをします。少し立ち止まって、「今は○○に関して話しましたが、理解できましたか？」と確認する。

この小見出しをつける感じで話をすると、実にスムースに聞く側の頭に入ってきます。受け取るテンポが良くなるのです。

③【小見出しをつけるのは難しいがチャレンジする価値はある】

正直言って、この小見出しをつけるのは技術的には少し高度です。誰でもができることではないかもしれません。でもぜひチャレンジしてください。伝え上手になりたいなら身につけてください。

ここでひとつの例を添えておきます。

この項の中に3カ所だけ、【　　】で囲まれたフレーズが出てきます。これが小見出しです。参考にして、ぜひやってみてください。

22〈効率的に伝える特効薬　その３〉整理して話す

聞き手の頭の中身を整理してあげる

話を整理するための３段階

当たり前すぎることですが、これができている人はほとんどいません。

〝整理〟は重要です。整理整頓がなされているほうがもちろんわかりやすいし、結果伝わりやすいことは間違いないでしょう。

この整理について、とてもわかりやすい方法があります。

①「まず最初に、何を話すか話す」→②「次いで本論を話す」→③「そして締めに何を話したかを話す」というやり方です。３段階を踏むわけです。

まず最初に、何を話すかを話しておくと、聴く側は「今日のテーマは○○だ！」と改めて認識することになります。

いわゆる心の準備です。これができているのと、唐突に聞かされるのでは大違いです。理解の深さというか質がまったく異なってきます。

その上で、本論を話すと本論の中身が腑《ふ》に落ちやすく受け入れやすくなります。当然ですよね。聞く気になっているわけですから。

で、最後に何を話したか話す。これでダメ押しです。このダメを押すことによって、その日の振り返りもでき、認識を新たにすることもできます。つまり、記憶に残る。

この一連の方法に名前がついているのかどうかについて、寡聞《かぶん》にして私は知りませんが、実に素晴らしい手法だと思います。

簡単だけど効果的なやり方

なぜなら私自身、このやり方で、その効果を実感しているからです。

セミナーをやったあとのアンケートでも、このやり方について「最後の確認がとても良かった！」というご意見をたくさんいただきました。

言われてみれば当たり前で、しかも大して難しいことではないのですが、とても効果的です。

要は、どうせ誰かに何かを伝えようとするのなら、できるだけその完成度を高くしたいわけで、こうした念押しのようなやり方はキチンとした効果があるということです。ぜひあなたも挑んでみてください。

23 〈効率的に伝える特効薬　その4〉無理に短くしようとしない

「話は短ければいい」というものではない

テレビCMがもたらした風潮

「言葉は短いほうが良い！」という勘違いというか、呪いがあるようです。しかし、それは嘘です。

どうしてそんな風潮が現れたのかというと、テレビCMの弊害です。

テレビCMはそもそも15秒とか、長くても30秒でクライアントの言いたいことを伝え切るためのメディアです。時間が限られているのです。ですから短い時間でインパクトのある言葉、音、音楽などでビシッと言い切らなくてはいけません。多くの言葉を費やす余裕がなかったのです。

そんな中でコピーライターたちが名コピーを競い合いました。一言でズバリ！　とクライアントの意向を伝えるキャッチコピーはまさに視聴者の心をキャッチしました。著名なコピーライターも次々に登場しました。

そうして「コピーは短いほうが良い」という間違った流れができていったのです。

伝えるべきことはすべて盛り込む、ただし効率的に

では「何が正しいのか？」と言えば、「必要なことをすべて盛り込むこと」です。長い短いに関わらず、言うべきこと、伝えるべきことがキチンと盛り込まれていないのは失敗です。伝え方としてダメダメです。

伝えるのですから、まずは伝えたいことを整理し、精査し、その上で、過不足なく盛り込んでいかなければいけません。

もちろんダラダラと長いのはダメです。必死で研ぎ澄ましてください。

しかし、「短いほうが正しい」という思い違いのおかげで、必要な要素まで削ってしまう本末転倒が多いのです。

一つの例として、コピーライターが一生懸命考えたコピーを、コピーのこともわからないデザイナーが勝手に短くしてしまうという言語道断も起こるわけです。

私もやられたことがあります。言葉の重要度を理解していないデザイナーが私の書いたコピーを勝手に短くしてしまいました。もちろん私は激怒し、すべてをやり直させました。当然です。

もう一度言いますが、肝心なのは伝えることです。伝えるべきことを最高の効率で盛り込むことです。それだけは忘れないでください。

24 〈正確に伝える特効薬〉プロセスを伝える

時と場合によっては、「結論」だけでは不十分なこともある

プロセスを語ることのメリット

一般的に「結論だけを先に言え！」と言われることが多いです。それはそれで正しいのですが、実はそれだけではダメです。

時と場合によっては、プロセスが重要な場合もあるんです。

たとえば、互いが強い信頼や絆でつながっている関係の場合、その結論に達したのは、相応の理由があるだろうとわかるからです。だからプロセスを尋ねて、次への布石とする。

そんな場合、結論よりも、「なぜそうなったのか?」という経過、過程が意味を持ちます。

紋切り型で結論だけを言われるよりも、場合によっては関係とか信頼が深まることがあ

る。これがプロセスを語ることのメリットです。

もちろん乱用多用は厳禁ですが、何事も相手との関係によって、意味が違ってくるのだということを憶えておいてください。

プロセスを語ることで納得してもらえることもある

結果だけしか求めないタイプの人と話す場合は、プロセスを語ろうとすると逆効果になりやすいです。たとえば、「売り上げがいくらかだけ言え！」みたいな場合です。あるいは、「いつ仕上がるんだ！」みたいなこともあります。

ですが、プロセスには色んな情報が隠されています。その情報が、実に有益な判断材料になることもあるのです。

途中にどんな問題が立ちはだかるのか？　どんな情報が足りないのか？　なぜその努力は実らなかったのか？　色々です。

プロセスを語ることは、本当は溝を埋める役割をも果たすことがあります。納得してもらう大きな材料になるのです。それを憶えておいてください。

結論が仮にノーだったとしても、プロセスをキチンと伝えることで、どこがダメだったのか、何が足りなかったのか？　何が過剰だったのか？　がわかります。これは実に有意義な情報なのです。

25 〈狙いをハッキリさせる特効薬〉
遠慮せず、ハッキリと伝える

ハッキリ伝えることで味方をつくることができる

時にはあえて相手の心証を害することも必要

企画を立てたり、アイディアを発想するとき、ややもすれば犯しがちな間違いがあります。それは、クライアントばかりに目が向いてしまうことです。

ある意味、クライアントにとって耳触りの良い企画は、その先の「エンドユーザー＝消費者」にとってはピンと来ない内容だったりします。

クライアントの中には、自分の上司、ひょっとすると社長の顔色ばかりを窺《うかが》っている人もいます。そうなればもうお終いです。エンドユーザーとの心の距離はどんどん開き、見向きもしてもらえない企画に成り下がります。

そんな場合、決しておもねらず、勇気を持って、「それは違う！　こっちだよ！」と言ってあげましょう。

ひょっとすると、耳の痛い内容に、相手は腹を立てるかもしれません。でも、結局は巡り巡って、クライアントのためなのです。

「誰かが必ず見てくれている」

相手によっては、仕事は一時的に減ってしまうかもしれません。ですが、それは本来付き合うべき相手ではなかったというだけのことです。必ず、誰かが見ていてくれるんです。「誰かが必ず見ていてくれる」という表現を、私は良く使います。それには確固たる自信があるからです。

たとえば会議の場。クライアント担当者の言いなりにならず、言うべきことは言い、指摘するべき点はしっかりと指摘する。そんな姿勢でやってきました。結果、そのプロジェクトから外されたことも、理不尽な仕打ちを受けたこともあります。

そんなとき、必ず同じ会社の別の方から声をかけていただきました。

「僕達のチームにはあなたのような人が必要だ！」

そうして結局、以前よりも面白い、やりがいのある仕事に巡り会ってきました。

戦おうとしている人に味方はできない！　戦っている人にだけ味方はできる！　その意味がまさにこれです。

第3章

すぐに使える伝え方28の公式

　結局、伝わる・伝わらないは、心の問題でもあります。相手の心の状態によって、同じ内容でも伝わったり、伝わらなかったりするのです。とすれば、人の心の動きを知っておいたほうが強いですよね。本章ではその心の動きを使った伝え方の技術をお話しします。

《01 〈相手の関心を向ける公式　その1〉常識を否定する

認知的不協和

常識を覆された際のリアクションこそがチャンス

人は、自分が抱いている気持ちとか常識のようなものに対して、相反する考え方を提示されたとき、不快な感情を抱いたり、思考停止したりします。

そして、その不快感を解消しようと、「今までの自分を肯定するために、新しいものを否定する」とか「新しいものを受け入れるために、それまでの自分を否定する」などの判断を行います。ほぼ反射的に、です。

この理屈を使うと、人の心に一瞬で入り込んだり、人の感情を瞬間で掴んだりすることが可能になります。

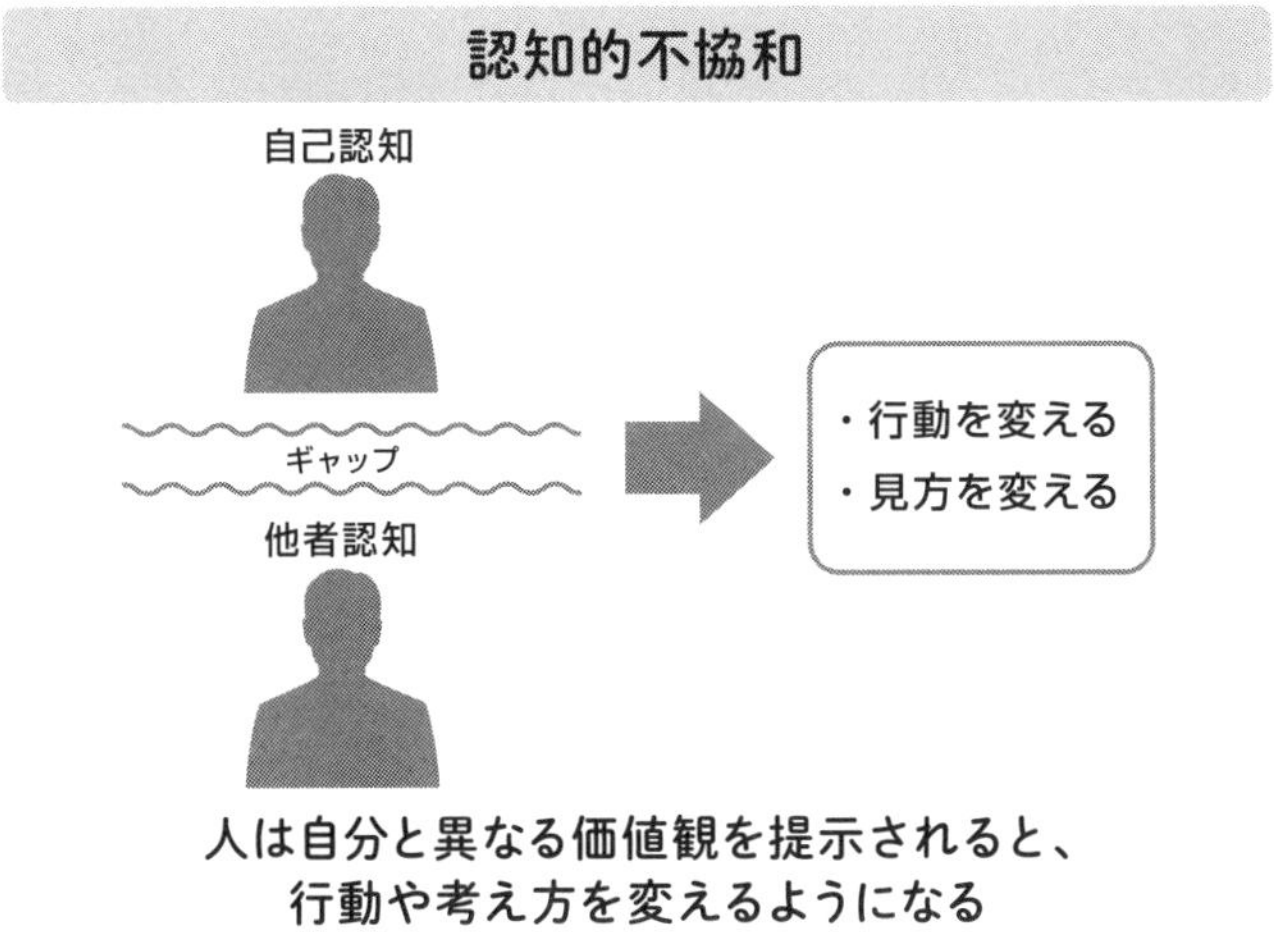

人は自分と異なる価値観を提示されると、
行動や考え方を変えるようになる

たとえば、「ネガティブと信じられていることを否定してみせる！」というやり方です。「タバコを吸っても長生きの人は大勢います！」とか、「嘘をつく人ほどモテます！」といったようなことです。気になりますよね。

それから、「常識を全否定する！」という手法もあります。

「食べたいものを食べて早死にしたほうが、幸せじゃないですか？」とか、

「結婚にメリットなんてないですよね？」とか、

「働いたら負けですよ！　今の時代！」とか、

「資本主義が世の中をダメにしています！」

等など……。

あなたもどんどん相手の心に認知的不協和

を起こして、一気に相手の気持ちを掴んでください。
こうした逆説フレーズが、実はすごく効くのです。

02 〈相手の関心を向ける公式　その２〉「○○するな！」と禁じられると気になる

カリギュラ効果

禁止されると逆に気になる

「カリギュラ効果」とは、禁止されると逆に気になってしまうという心理学的効果です。

たとえば、浦島太郎の玉手箱、鶴の恩返しの奥の間。人は、「見てはいけない！」「触っちゃダメ！」と禁じられれば禁じられるほど覗いてみたくなる生き物です。

だとしたら、その「禁じられたら逆に覗き込みたくなる」特性を利用して、心を掴んでしまいましょう。

たとえばこんな感じです。

カリギュラ効果

人は禁止されるとやってみたくなる

「体重が気になるあなたに、本当は教えたくなかったんです。だって、あなたが本当の怠け者になっちゃうからです。この方法はそのくらい画期的。これまでのダイエット失敗の黒歴史はすべて忘れてください。」

どうですか？　逆にやりたくなるでしょう。他にこんな使い方もあります。

〈「読むな」と禁じてカリギュラ効果！〉

「体重を減らしたくない人は、絶対に読まないでください。
お友達には絶対に教えないでくださ

いね。チャンスは今日だけ、あなただけ！
今日の3時〜4時までの1時間だけ、割引率が××%になります。」

この伏せ字にするのもカリギュラ効果の一手法です。

03 ターゲットを絞って呼びかける

〈興味を持ってもらう公式　その1〉

カクテルパーティ効果

相手が気になるキーワードを使う

喧騒《けんそう》の中でも自分に関係ありそうな言葉だけが耳に飛び込んでくることがあります。

言い換えると、特定の人に関心を持ってもらう表現をすれば、気持ちを向けてもらうことができるということですね。

要は、語りかける相手が無意識に抱えている問題や悩みへのアンテナを刺激する方法。これがカクテルパーティ効果です。

「あなたがもし、どうしても参加したい12万円の投資勉強会への参加を、金額であきらめているのなら、私はその悩みを今すぐ解消する方法を知っています！」みたいな感じです。

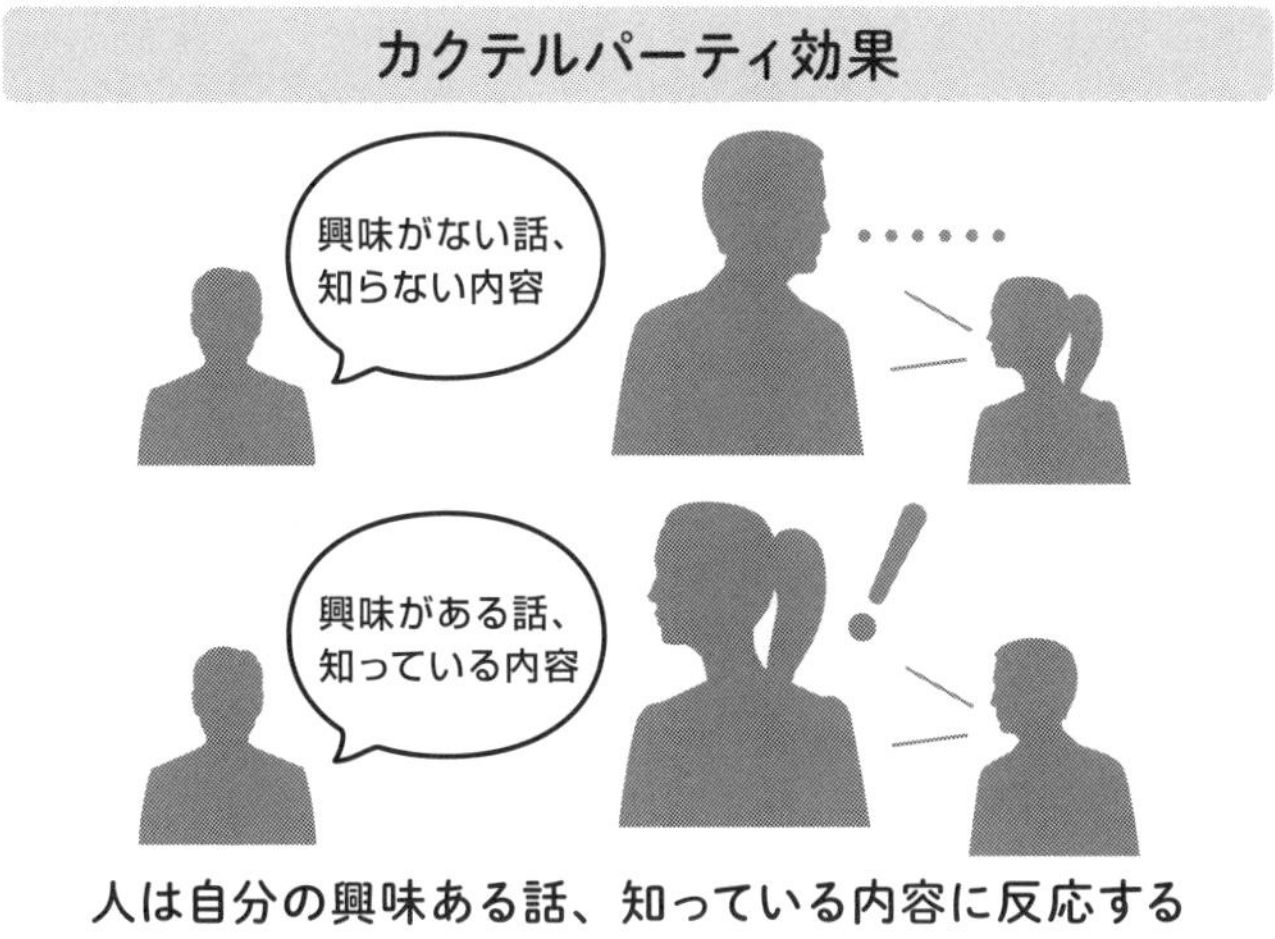

人は自分の興味ある話、知っている内容に反応する

知らず知らず、耳に飛び込んでくる感じがしませんか。

大切なのは「語りかける相手が気になるキーワードを使う」こと。これがなければ振り向いてはもらえません。

たとえば、「杉並区・中野区にこだわって家を探している方、いませんか？」「銀座まで20分以内で通勤したいあなたに！」「○○駅をご利用の方だけに、何よりもお得なプレゼントがあります！」のように、ターゲットの所与条件を絞る方法や、ターゲットが身につまされる情報を与えてあげる方法があります。

たとえば、「販売職のあなただけにそっとお教えする年収を倍にできるノウハウ」とか、「共稼ぎのあなたに圧倒的に有利なご融資の

話」とか、「10歳以下のお子さんが2人以上いるなら、めちゃめちゃ有利なご提案がありま
す」とか、「毎月の医療費が2万円を超えているなら、このセミナーはそれを半額にする方法を無料でお教えします！」みたいな感じです。
「相手＝ターゲット」を特定し、その人だけが反応する表現をすると、見事に振り向いてくれるということになります。

04 〈興味を持ってもらう公式　その２〉あえて逆のことを言う

ブーメラン効果

人は言われたことと真逆の行動をとることがある

他人に何かを言われると思わず逆の行動をとってしまったり、思いがけない動きをすることがありますよね。私の場合、誰かからすすめられた店にはまず行きませんし、誰かからすすめられた本は絶対に読まないという習性があります（単なる天邪鬼《あまのじゃく》とも言えますが）。

たとえば、セールスマンから、「買ってください！　お願いします！」と言われたら「絶対に買わない！」と思ってしまったり、「○○はいいですよ～」と言われると「私はそうは思わない！」とあえて粗探しをしたりするなどの条件反射をすることが多いです。

だとしたら、あなたが導いていきたい方向の真逆を提示すれば、相手はあなたの思う方向に動いてくれるということになりませんか。

「初めての方にはお売りしません」再春館製薬所

先ほども紹介しましたが、再春館製薬所という医薬品・化粧品メーカーがあります。女性ならほぼご存知かと思います。メインの商品名は「ドモホルンリンクル」と言います。「ドモホルンリンクルは、初めての方にはお売りできません。サンプルと小冊子をお送りし、納得なさったお客様だけにお売りしております」

すごいと思いませんか？

メーカーは商品を創って売らなければ成立しません。「今すぐにでも売りたい！　買って欲しい！」はずなのに、サンプルと小冊子をお送りして納得したお客様だけにお売りしておりますというワンクッションを入れているわけです。

「買ってください！」と言うのが当たり前で、買ってくれなきゃ成り立たない。なのに、「お売りしません」というわけです。

もちろん、これには深い思慮と、正しい戦略があります。でもすごい勇気がいると思い

ブーメラン効果

人は強く言われると、逆の行動をとる

ます。最初はかなり緊張したと思うのです。

「お売りしません」という広告を打って、本当に売れなかったらどうしよう！「偉そうなこと言ってるんじゃないよ！」とかクレームが来たらどうしよう！　戦々恐々だったと思います。

再春館製薬所はその苦難を乗り越えて今、存在しています。素晴らしいです。これこそが、再春館製薬所の伝え方の凄味です。

他社ができないことを勇気を持ってやった。そして成功につなげていった。このチャレンジ精神は見事ですし、素晴らしいです。

①まずは、試してもらう。

←

②やっぱり合わない人もいるだろう。
↓
③その合わない人に無理に売ったら、それは問題。
↓
④だから、合う人にだけ買ってもらう。
↓
⑤トラブル回避。

こんな流れですよね。

もちろん「お売りしません」というフレーズは、本当ではありません。本物の商品とまったく同じ成分のミニサンプルをお送りして、それを使っていただき、問題のなかったお客さんにだけ、本物を販売する。このステップをひとつ加えるだけで、ある問題を解決しているわけです。

その〝ある問題〟とは？　そう、肌のトラブルです。

化粧品会社に限らず、お肌と接したり、体内に取り入れる食品、飲料、薬品などを扱っている企業や店にとって、この〝肉体トラブル〟は最大の鬼門です。

特に化粧品は体質に合う、合わないが顕著に出ます。合わなかった場合、大問題になるケースもあり、企業としては死活問題なのです。

大手化粧品メーカーの場合、かってはテレビ、雑誌、新聞などのマスメディア、今ならインターネットが主力のメディアです。イメージ広告を打ったり、機能や成分の訴求をして、ひとりでも多くの人に買ってもらおうと躍起《やっき》になります。

そして、その「買ってもらおう」とする部分につけこむようにトラブルが発生するわけです。結果、その修復のための費用、人手、時間が膨大なものになり、経営を圧迫することにつながります。

しかし、再春館製薬所はその化粧品会社が最も負担とする部分をほぼ皆無にするやり方を採っています。

ブーメラン効果を実践してみる

この手法を具体的に応用してみましょう。

たとえば、商品を魅力的に紹介した上で、「でも、無理に買う必要はないですよ！」とすっと引いてみたらどうでしょう。「え？　待ってよ！　もっと詳しく聴かせてよ〜」となりますよね。

あるいは、商品の魅力を熱く語った上で、「今は買わないほうが賢いかも」と言われたらどうでしょう。「え？　その気になっていたのに、なんではしごを外すの？」と、とてももどかしくなってしまいます。

これが、ブーメラン効果です。ぜひ活用してみてください。

05〈興味を持ってもらう公式　その3〉「寸止め」してじらす

ザイガニック効果

「正解はウェブで……」「詳しくは明日の朝刊で」

ザイガニック効果とは、「完了したことよりも、まだ終わっていないことのほうが記憶に残りやすい」という心理学的効果です。

たとえば、「正解はＣＭの後で！」とか、「答えは明日の朝刊で！」などと言われると、どうしても確かめずにいられない。そんな心の動きがありますよね。

本を読んでいて途中で止められないのも同じです。結末がわからないまま、中途半端に終わることを人間の脳は徹底的に嫌います。だとしたら、それを逆手にとって、心を動かしてしまうことが可能になります。

サイガニック効果

人は未完の情報について完成形を知りたくなる

たとえば、伝えたい相手に対して問題を3つ出します。

「1つ目の問題、答えは○○○です。

2つ目の問題、答えは×××です。

そして、3つ目の問題の答えは……明日の店頭でご確認ください」

のような感じです。

他にも、「あなたにも起こるかもしれない！　本当にあった怖い話」というところで止めてしまう方法とか、「【新事実】朝食で摂っておきたい栄養素は○○と○○！　続きはウェブで！」などの表現法があります。

ほかにも、あなたがチラシを駆使して売り上げを増やしたいなら、チラシの本文に魅力的なノベルティ（おまけ）を予告し、具体的な中身はウェブで見てもらうという手法もあります。これは実際の期待もかなり高まるので、とても有効な方法です。

ぜひ、チャレンジしてみてください。

06 〈親近感を高める公式　その1〉劣勢をアピールして同情を誘う

アンダードッグ効果

判官《ほうがん》びいきを活用する

アンダードッグ効果とは、「劣勢のものに対して同情を覚えてしまう」という心理学的効果です。要は〝判官びいき〟ということ。日本人は特にこうしたメンタリティが目立ちます。決して、「弱いもの＝負け犬」ではありません。弱くても一生懸命頑張り、現状から抜け出そうと、まっとうな努力をしている人を、人は応援したくなるのです。いじけたり、ひがんだり、ねたんだり……というのとは違いますから、そこは間違えないように。

たとえば、あなたが電気店をやっていて、大手量販店の進出で苦戦しているとしましょう。そんな苦境のとき、「私たちは負けません！　いえ、負けられないのです」と宣言しま

す。そして、次のように続けます。

「大手家電品店がこの街に出店して来てから2年が経ちました。正直、当店も苦戦していますし、決して楽ではありません。ですが、大型店の出店以来、お客さんが増えているのも事実です。どうしてか？　お客さまの本当の役に立とう！　そう決めたからです。
24時間、いつでもオーケーの電話相談対応、緊急時の出張修理、購入時のセットアップ対応など、これからももっともっと地域のみなさまのために知恵を絞り、体を使っていきます。私たちは決して負けませんし、地元のお客さまのためにも負けられないのです」

どうですか？　味方ができそうでしょう。

アンダードッグ効果の実践例

その他に、「正しい苦労談、努力の証を見せる」という手法もあります。

「この商品に出会うまで、正直、何百という商品をテストしてきました。が、納得いくものとは出会えませんでした。しかし、3年の時間を経て、納得いく商品にやっと出会えたんです。初めてあなたに胸を張ってご紹介できる商品に出会ったんです。

そうそう、プロ入り7年目で初めて優勝を手に入れたプロゴルファー○○プロもこれを使っているそうです。

あなたにご紹介したい商品。それは○○成分入りの××。ぜひ試していただきたいです。お試しセールを1週間だけやります。」

まだあります。「自分のミスを使う」という手法です。

「やっちゃいました！　仕入れ過ぎました。明らかな発注ミスです。ゼロをひとつ多く入力してしまいました。何とか頑張って売ろうと、色んな努力をしてきましたが、さすがにもう限界です。
で、社長に許可をもらい、特別価格で販売することにしました。ご存じとは思いますが、当店は通常、値引きはしません。そうやって生き残ってきました。
が、今回だけは別。私を男にしてください。まとめ買い特典もつけます。（笑）」

かなり応用が利くやり方なので、楽しみながら活かしてみてください。

07 ほめておだててその気にさせる

〈親近感を高める公式　その2〉

ピグマリオン効果

ほめることで買う気にさせる

ピグマリオン効果とは、「人間は他人から期待されると、期待されるに足る成果を出してしまう」という心理学的効果です。

たとえば、「君はできる」と言われた生徒が高い成績をあげるというのがそれです。ほめられると人は伸びます。期待に応えようという意識が知らず知らずに働くからです。そしてここが肝心なのですが、人はなかなか自分に自信を持てません。見た目は自信満々な人が、「実はこれで良いのだろうか?」と悩んでいたり、いつも強気な発言をする人が、裏では「本当にこれでいいのか」などと揺れていたりするわけです。その無意識に自信を失っ

ピグマリオン効果

人はほめられると期待に応えようとする

ている部分をしっかりフォローしてあげれば人は頑張るということなのです。
たとえば、こんな感じの方法です。

「あなたがこれまでダイエットに失敗したからといって、嘆くことはありません。理由は簡単！　あなたは間違っていないからです。あなたは正しいからです。たったひとつ、やり方が違っていただけ。ダイエットの失敗は、あなたの問題ではなく、『どんなやり方を選ぶか？』にあったのです。さて、成功は目の前です。あなたならできます！　やれるんです。」

どうですか？　心が動いて、その気になってくれそうでしょう。

他に、「軽くおだてる」という方法もあります。露骨に見えるかもしれませんが、おだてみるのもひとつの手です。私もこの手法は頻繁に使いますが、効果は抜群です。

たとえば、こんな表現です。

「あなたこそがこの商品を使いこなしてくれる！
私たちはそう信じています。商品も、本気で使いこなしてくれる人を求めているんです。
この商品のオーナーになって、本当の良さを、真の魅力を引き出してあげて欲しいのです。
あなたこそ、この商品の使い手になってください。」

それから、センスをほめるという方法もあります。

「なぜこの商品はこの価格なのか？　それはお客さまを選ぶからです。
正直、誰にでも似合うデザインではありません。
だからこそ、本気で身につけ、着こなしてくれる方にだけお売りしたいのです。
着こなし上手のあなたにこそ、身につけて欲しいのです。」

あくまでもおだてることで、相手の気持ちを動かす！　そんな戦略あっての表現です。
ぜひ使ってみてください。

08 〈親近感を高める公式 その3〉
何度も接触すると好きになる

ザイオンス効果

繰り返すことで好感を抱かせる

「どんなに嫌いな人や、興味のない人でも、数多く、繰り返し接触することで、人は好意や印象が高まる」と言われる効果です。

ザイオンス効果は人対人だけではなく、デザイン・洋服・食べ物・臭いなどあらゆることに対して適応します。私も、最初は好きではなかった、ある著者の文体が、何度も読んでいるうちに慣れてきて、いつのまにか好きになったという経験があります。

お酒も同じで、以前は日本酒のどこが美味しいのかわかりませんでしたが、何度も飲むうちに大好きになっていきました。

ザイオンス効果

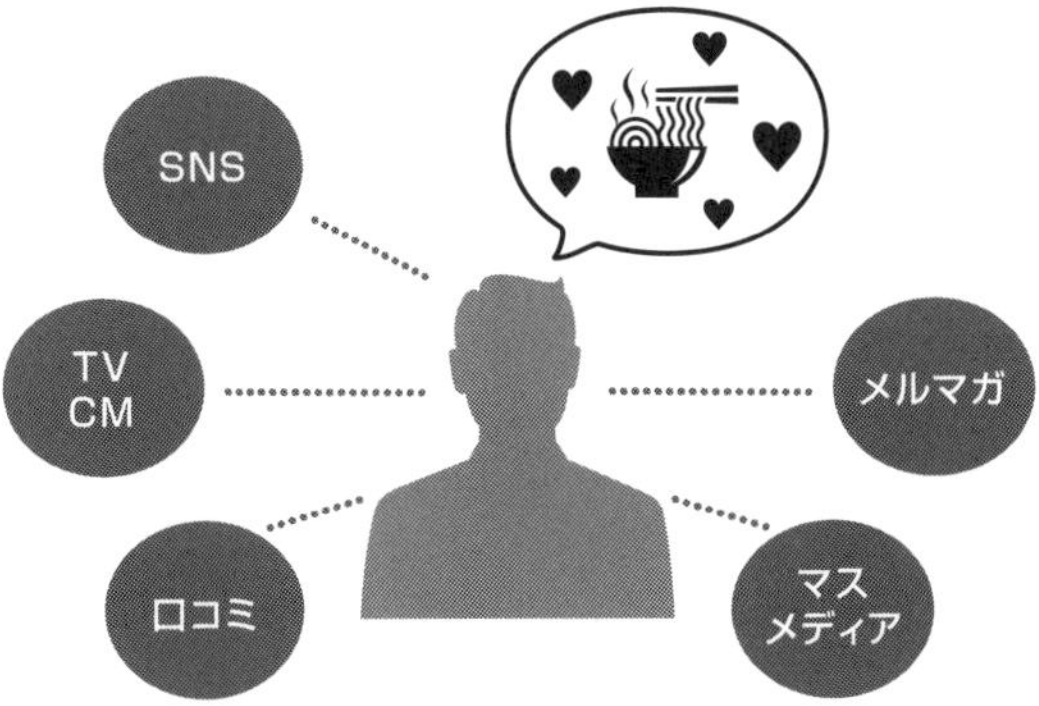

人は接触回数が多いほど、その対象が好きになる

たとえば、こんな使い方をします。広告なら小さくても良いから、何度も打ちます。ただし気をつけなければいけない大切なことがふたつあります。

①決して売り込み的な内容にしない。淡々と相手の立場に立って情報を送ることに徹する。

②10回以上は続けない。効果も変わらないし、さすがにしつこいと思われる。

他にこんな使い方もあります。

〈期間集中でザイオンス！〉

たとえば広告費は、一定期間に集中して使

い切ります。少しずつ小出しにしてだらだらと使い続ける人がいますが間違いです。

一気に印象づけるべく、一定期間集中型をおすすめします。これでザイオンス効果につながります。

それから、ちりばめるやり方もあります。

伝えたい言葉、キーワード、フレーズを、メディアの中に〝適度に〟にちりばめます。

同じ言葉やフレーズが随所に登場し、目に触れることで、「これは重要な言葉なんだな!」「これを伝えたいんだな!」ということがわかってきます。

が、ここでも注意事項があります。

あまり無闇に、無理してちりばめると、とてもイヤらしい、言い過ぎな文章になります。

そこは節度をもって取り組んでください。

09〈親近感を高める公式　その４〉危機を共有すると親密になる

吊り橋効果

一体感・親近感を醸成して関係を深める

吊り橋など、不安定な場所、怖い場所を一緒に過ごすと、人はそのドキドキ体験を相手と一緒にいるための「ときめき」として自覚してしまう効果です。要は、吊り橋を渡るときの「ドキドキ」する胸の鼓動を、「この人といるからだ」と自己暗示をかけてしまうのです。

ビジネスに置き換えると、お客さんとの一体感や親近感を作り出す、とても効果的な手法と言えます。

たとえば、こんな使い方です。

吊り橋効果

人は危険を共有すると、親近感を覚える

①店側の失敗談、苦労談を載せる

これはとても効果的です。しかし、あまりにもヘビーな失敗談だと、「ここ、大丈夫か？」と不安がられてしまいます。笑いが取れるような軽めのエピソードを探しましょう。

②イベントの様子を、楽しんでいるスタッフの画像と共に掲載する

イベントはお客さんを巻き込みます。一緒にその場で楽しんでいる疑似体験ができるのです。

他にこんな使い方も考えられます。

①波瀾万丈で吊り橋効果発揮！

「山あり谷あり！　波瀾万丈」のエピソードを、インタビュー記事や開発秘話で紹介しましょう。このやり方で、商品誕生や、ビジネススタートまでの困難を、一緒に疑似体験してもらうことができ、とても効果的です。

②顔出しで吊り橋効果！

よく「生産者の顔が見える！」と言いますが、単に顔を写しているだけの中途半端なものが多いです。

それよりももっと踏み込んで、生産者の苦労話とか、ちょっとした、表に出ていないエピソードを掲載すると、親近感や連帯感を持ってもらえます。

10 〈親近感を高める公式　その5〉子どもと動物には勝てない

ベビーフェイス効果

リアルな写真が安心と誠意を伝える

赤ちゃんを見ると思わず笑みがこぼれる。これはほとんどの人に当てはまります。この効果を「ベビーフェイス効果」と呼びます。

スタッフ紹介、社長挨拶、採用関連情報などに、顔写真を載せ、雰囲気を伝えるのは有効な手法の1つですが、「顔写真は恥ずかしいから載せたくない」という人も多いですね。ここは頑張って載せましょう。

「ベビーフェイス効果」的に考えれば、かしこまった堅苦しい表情より、リラックスした笑顔の写真のほうが親近感がわきます。

ベビーフェイス効果

人は愛らしいものを見ると安心する

どうしても顔写真を載せるのに抵抗がある場合は、人物のフリーの顔写真を使用するのもひとつです。しかし、できるだけリアルな人物の画像を載せるべきです。それが安心につながるし、誠意が伝わるのです。

他にこんな使い方もあります。

①ゆるキャラでベビーフェイス!

ゆるキャラを見て、思わず「癒やされる〜」となる人が多いです。だったら、その力を借りてしまいましょう。もちろん権利関係とか交渉は必要ですが、ゆるキャラが登場するだけで、お客さんの心に良い意味の隙が生じ、購入に結びつきやすくなります。

②赤ちゃんでベビーフェイス！

「ベビーフェイス＝赤ちゃんの顔」ですね。赤ちゃんの顔を使うのは実に効果的。赤ちゃんの笑顔には誰も勝てません。

あなたの創りたい世界にあったものを選びましょう。

11〈リマインドさせる公式　その１〉お客さんに宣言する

宣言効果

宣言することで自分を追い込んでいく

宣言効果とは、「目標を周囲に伝えることで、そちらに意識が向き、結果、その目標を達成しやすくなる」という心理学的効果です。

「心で誓う！　自分に宣言する！」。実はそれだけではダメで、「外部に伝える、誰かに言う」というのが重要です。つまり、宣言を誰かに読ませたり、聞かせないと意味がないのです。

そうすることで、「外に向かって宣言したのだから、実現しないと恥ずかしい！　できなければみっともない！」という作用が働きます。要は「自分を追い込んでいく」というこ

宣言効果

人は「～するぞ」と宣言した人に対し好感を抱く

とです。まさに有言実行そのものです。

たとえば、こんな使い方があります。

「当社は来年、おかげさまで創業20年を迎えます。本当にお客さまのおかげ、お客さまあっての○○（社名・店名）です。

ここまでの感謝の思いを込めて、今年の年末から来年にかけて、20周年の感謝企画を次々と打ち出していきたいと思っています。単なるバーゲンではありません。ただの安売りはしません。きっと驚き、そして心から喜んでいただける企画です。

今のうちにハッキリ言っておきまし

よう。乞うご期待！」


こんな感じで宣言をしておくと、一生懸命にならざるを得ませんよね？

他にこんな使い方もあります。

①少しずつ予告する

少しずつ予告をしながら期待を高めていく広告手法を「ティーザー広告」といいます。これは伝えることにとても有効です。

たとえば、３回シリーズで書きます。

１回目は、新商品のイニシャルとシルエットだけを載せる。

２回目は、商品の一部の画像と割引率を載せる。

そして、３回目は、全容と売価を載せる。

期待の高まったお客さんは買ってくれます。これが予告宣言の効果です。

②楽屋裏を見せる

また、「楽屋裏を見せる」という手法もあります。

人知れず努力をしている人は美しいし、好感を持たれます。ならば、お客さんの知らないところ、見えない場所で努力している様子を見せてあげましょう（ちょっと矛盾しますが）。

毎日、品出しをしているスタッフの画像やラベラーで値札を貼っている様子など、普段はお客さんにあまり見せない姿を見せるのです。

これを上手に使うと、お客さんからの見方があきらかに変わります。応援しようという気持ちに傾くのです。

ぜひやってみてください。

12 〈リマインドさせる公式　その２〉「貰ったら返さなきゃ！」という気持ちを突く

返報性の原理

「お返し」の心理を活用する

何かを与えられると「返さないといけない」という心理効果が働くことを「返報性《へんぽうせい》の原理」と言います（「返報性の法則」と言われることもあります）。

フェイスブックやツイッターで自分の投稿にメッセージやコメントをもらうと「返さなきゃ」と考えますし、「いいね！」を押してもらえると相手の投稿にも「いいね！」を押したくなるという心理が働きます。これが返報性の原理です。

ほかに身近なビジネスモデルを挙げると、デパ地下での試飲や試食がそうです。試食をすると「買わないと悪いな」と思ったり、「このまま立ち去りにくいな」と考えたりします

返報性の原理

人は「もらったら返さなきゃ」という心理が働く

（そうじゃない人もいるようですが）。そういった心理が働いて、購入につながるわけです。

たとえば、無料プレゼントをつけたり、お試しセットを提供するのはとても有効ですし、時代を超えて有効な手法です。

恩を売る

その他にこんな使い方もあります。恩を売る方法です。

たとえば、「送料無料で返品ＯＫ」など、一見、企業が損するようなサービスや、アパレルショップでの「試着」にも返報性の原理が働きます。

「何度もお試しして、丁寧な接客をしてくれたんだから、何か買わないと悪いなぁ……」という気持ちになります。これは密かに恩を売っているわけです。

それから、「要求される前にあげちゃう」という手法もあります。欲しいと要求される前に、機先を制して提供してしまうわけです。しかも無料で。

自分の得ばかりを追求するのではなく、まずはお客さんのことを考える。そこに大きなビジネスチャンスが眠っています。

人に好かれたいと思ったなら、まず先にこちらから好意を与えることが大切です。「ギブ＆テイク」という言葉も、「ギブ＝与える」から始まっていますよね。

まずは何を与えてあげることができるか？　そこを考えてみましょう。

13 〈リマインドさせる公式　その3〉一度言ったことは撤回しにくい

一貫性の原理

一度始めたらやめにくくなる

一度やり始めたり、口に出したらなかなか撤回しづらいという状態を「一貫性の原理」と言います。

たとえば、英会話教室に通い始めたことを友達に話したら、「やめたほうがいいよ」と言われたとします。ですが、「うん、やめる」とはなかなか言いませんよね。「まあ少し頑張ってみるよ！」としばらく続けてみると思います。

この「最初にとった行動や発言を貫き通したい」という心理が「一貫性の原理」です。

たとえば、「この続き、お得すぎるご提案の中身を知りたい方は、ぜひ当店のウェブへ！」

一貫性の原理

あの英会話
スクールに行くの
やめたほうが
いいよ！
うーん
もう少しがんばって
みるよ…

人は一度やり始めたことは撤回しづらい

とサイトへ誘導するのは、「同じ行動を続けたい」という心理を刺激したものです。

他にこんな使い方もあります。

イエス連発で一貫性を刺激！

たとえば広告のコピーの中に、「イエス」と答える質問を続ける「イエスセット」があります。イエスの答えを続けることで、ノーと言いにくくなってしまうのです。

「あなたは○○ですか？」イエス／ノー
「では、あなたは○○ですか？」イエス／ノー
「ということは、あなたは○○ですね？」イエス／ノー

のような感じです。

継続を支援して一貫性を刺激！

継続を支援することを表明することで、相手の一貫性を刺激する手法もあります。


「子どもでもわかることですが、ラクして成果を手に入れられるなんてこと、あるはずがありません。

が、小さなことでも継続すれば大きな成果につながることは多いです。

え？　続け方がわからない？

誰でも簡単に続けられて、確実に成果につながる方法、ウェブで公開しています。」


こんな使い方ですね。これもやはり一貫性の原理を使ったものです。

14 〈不信感をなくす公式〉第三者の言うことを信じてしまう

ウィンザー効果

第三者の言葉を活用する

ウィンザー効果とは、「自分が直接得た情報よりも、なぜか第三者経由の情報を優先してしまう」という心理学的効果です。

自分で一生懸命探して、やっと巡り会った情報よりも、「他の人がこう言っていた！」という情報に振り回される傾向が人にはあるのです。

たとえば「食べログ」などのコメントがそうです。なんとなく信じてしまう。

自分で行って食べてみて、おいしかったと感じても、その後、「食べログ」の書き込みを見て、誰かが「おいしくない！」と書いていたりすると、「え、やっぱり？　おいしくない

ウィンザー効果

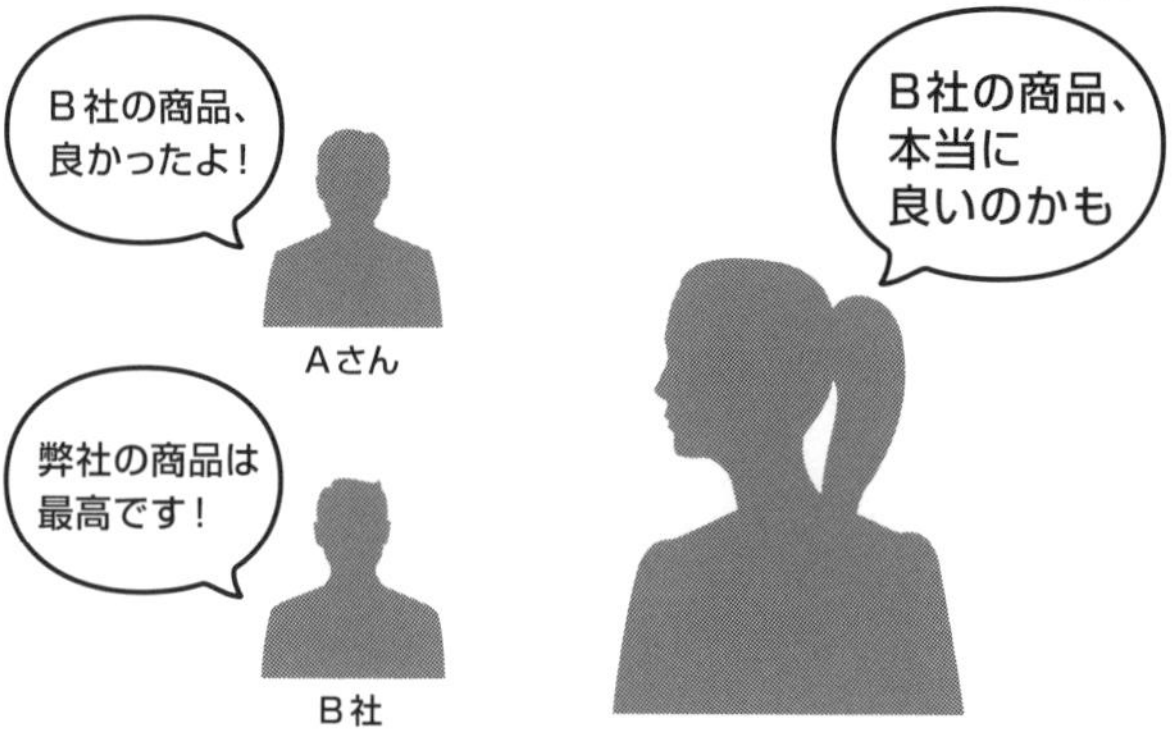
B社の商品、良かったよ！
Aさん
弊社の商品は最高です！
B社
B社の商品、本当に良いのかも

人は第三者の情報を信じてしまいやすい

のか？　自分がおかしいのか？」と疑心暗鬼になってしまう。そんなイメージです。

だとしたら、信じてもらえそうな情報、信じてもらいやすい人を使ったほうが良いですよね。特に日本人は権威に弱いので。

たとえば、こんな感じです。

「海外の専門家A先生が書いた『ある本』に、こんな記述を見つけました。A先生は本当にその道一筋、確実に信頼できる方。その方の理論です。日本でもこれにまつわる理論がたくさん溢れています。みんな似たような考え方です。その日本に溢れている『理論』のベースになったのが、この先生の理論

です。言ってしまえば、日本で出回っている理論は、すべてこのA先生の焼き直し、真似なのです。」

いかがでしょうか。信憑《しんぴょう》性が増しませんか？

お客さんの声を活用する

それから、「ポジティブなお客さんの声を使う」という方法もあります。お客さんからの高評価な意見を組み込むと、それだけで信じるに足る情報に見えてきます。

それから、お客さんの体験談を使うというのも1つのやり方です。お客さんが実際に使った経験は何事にも代えがたいものです。信じてしまうのです。

この場合、名前とか年齢、できれば写真があれば効果はもっと増します。

15 〈価値を高める公式　その1〉
貴重なものほど価値を感じるレア感を演出

スノッブ効果

人は「限定○個！」「レアもの」に弱い

他人と違ったもの、希少なものほど欲しくなるのが人間の心理です。

人は手に入りにくいものに執着します。貴重なものほど欲しくなるのです。そして、そのほうが価値が高いと感じます。

大金持ちが「世界でたった○個！」と言われているものをどうしても欲しくなったり、たくさん在庫あり！　と言われても食指が動かないのに、「限定○個！」と言われたらどうしても欲しくなる。そんな心の動きです。あなたも経験があると思います。それを活かしてガンガン気持ちを動かしてあげましょう。

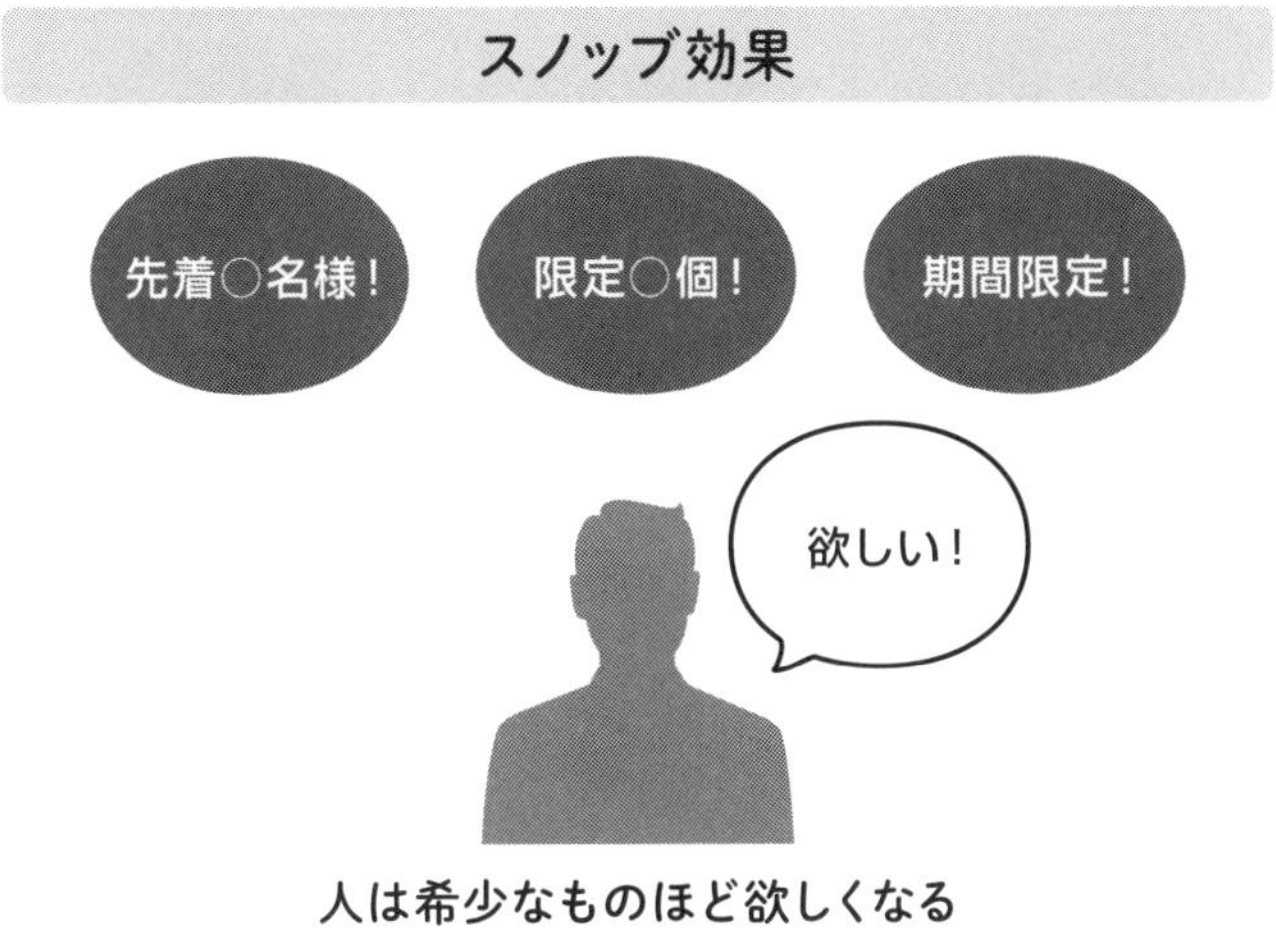

たとえば、こんな風に使います。

「あなたがもし、本物の『文章力』を身につけたければ、メンバー少人数限定の有料会員になるべきです。有料ですからもちろんお金はかかります。が、そこには『あなただけが知りうる特別なノウハウ』が山ほど隠されているのです。このノウハウは使い放題、稼ぎ放題です。正直、入会に使ったお金は一瞬で回収できてしまいますよ。」

どうですか。「急がなきゃ！」という感じになりませんか？

他にこんな使い方もあります。

「期間限定販売。この商品は、○月○日○時〜○時の2時間の間しかお申し込みをお受けできません。その2時間を過ぎると、どんな理由があろうと、お申し込みは不可能です。
しかも先着100名様のみの販売です。
時間内でも、予定数に達した場合は、その時点で締め切らせていただきます。」

どうですか。強い届き方をしますよね?

それから、「条件付けでスノッブ効果を発揮させる!」という手法もあります。「HARD TO GETテクニック=入手困難」という手法です。

入手困難なモノほど人は欲しくなります。「あなただけは特別ですよ!」という選民意識をくすぐる方法です。

「裏面に書かれているキーワードを記録し、ホームページにログインしてください。
特別な情報が書かれています。」

こんな風に使います。

16 〈価値を高める公式　その2〉権威ある専門家の力を借りる

権威への服従原理

人は権威に弱い？

これは、「人は権威ある人の言動を盲目的に信頼してしまう」という心理学的な原理です。無名の作家が書いたものよりも著名な作家が書いたもののほうが読まれます。たとえ同じ内容の作品であったとしても。

権威とは、いわゆる学者だけではなく、業界の権威、業界の著名人なども含まれます。難度の高い資格を持っている人はそれだけで権威になりますね。

たとえばこんな使い方です。

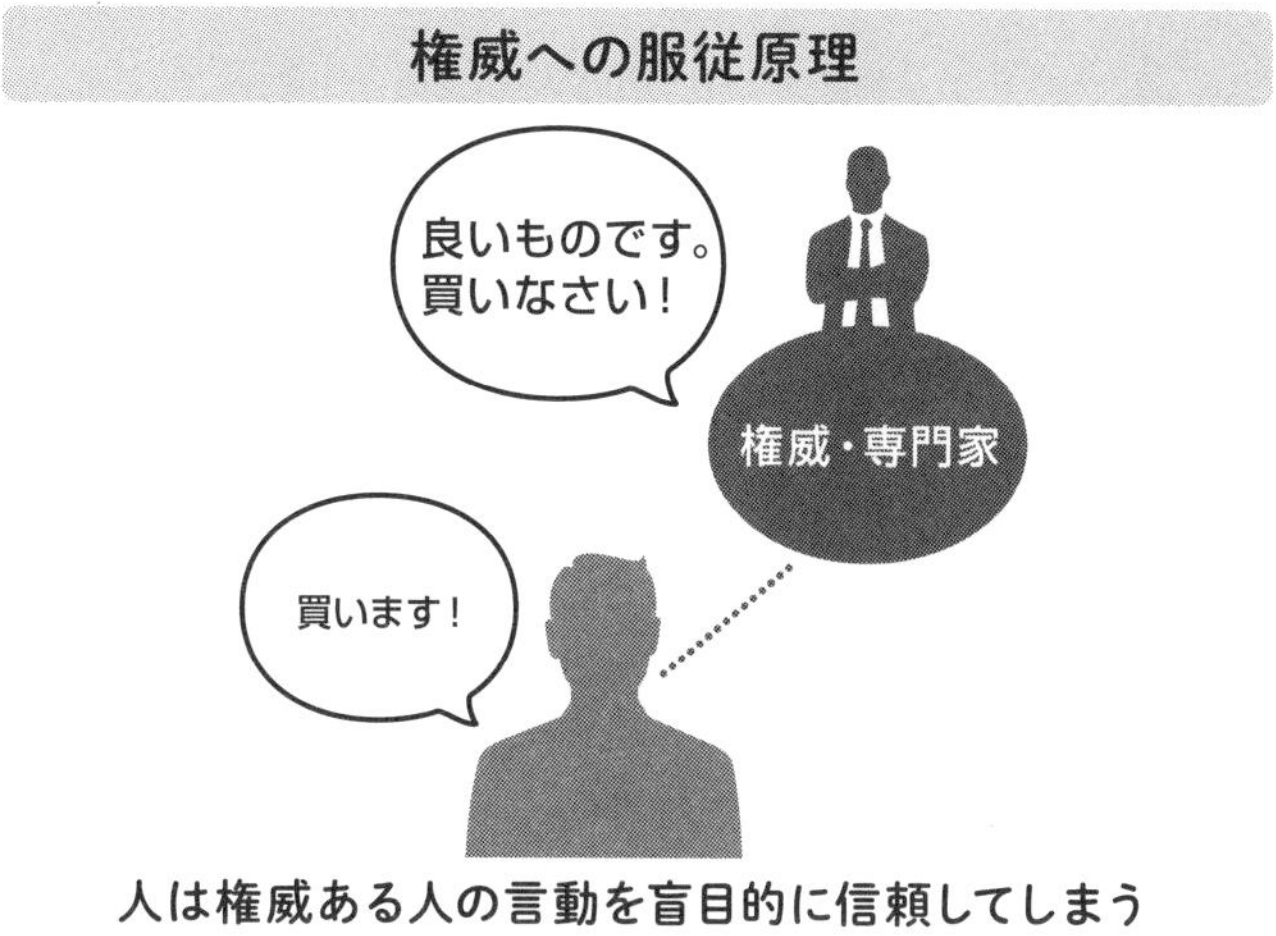
権威への服従原理
良いものです。買いなさい！
権威・専門家
買います！
人は権威ある人の言動を盲目的に信頼してしまう

「あなたもブランドになれる！」

ブランドといっても、世界で唯一のものになれと言っているわけではありません。「あなたの業界で、カテゴリーで唯一の人になれ！」という意味です。

世界的に有名なビジネスコンサルタント、トム・ピーターズは、著書『ブランド人になれ！』の中でこう言っています。

「釣った魚にエサをやろう。今の時代、安定したサポーターがいることを当然のことと思っていてはならない」

こう書かれると、かなり正しく見えますよね。

専門家の権威を借りる

他にこんな使い方もあります。

専門家の意見を使う。決して著名でなくても良いので、できるだけ〝専門家〟の推薦をつけるように努力しましょう。

街で有名な小児科のお医者さん。修理には圧倒的な実績を持つ街の電気屋の主人、街で一番売れているパン職人など、その気になって探せば、あなたの周囲には専門家がたくさんいます。

それから、引用を駆使する手もあります。

専門書に限らず、雑誌でも一般書籍でも、誰かが書いた記事を引用するのです。

たとえば、あなたが、ヨーグルトを売りたい場合は、ヨーグルト関連の書籍を探して、「〇〇さんという方の書いた××という本にこんな箇所がありました。これ、私の主張と同じです」と書けば良いんです。それで権威づけができます。もちろん引用元は明記してください。

こうした権威を活かす方法は特に日本人に対しては有効です。

ぜひ使ってみてください。

蛇足ですが、自己啓発の大家、アール・ナイチンゲール博士の言葉に次のようなものがあります。

「仕事に行く前にある分野の本を1時間読んで、それを5年続ければ、その分野のエキスパートになるだろう。７年続ければ、その分野の世界レベルに到達できる。」

これもまた権威を生み出す手法の一つです。やってみませんか？

17 〈価値を高める公式　その3〉値引きせずに心を掴む

ウェブレン効果

高めの価格のほうが訴求する？

「ウェブレン効果」とは、購買価格が高額になるほど、その商品・サービスに対する購買行動を起こしやすくなるという心理学的効果です。

安過ぎると怪しい。高すぎると手が出ない。要は、お客さんが何となくイメージするものよりも過度ではない程度、高めの設定をする。それで、「あ、この金額ならしっかりした商品なのだろうな？」と勝手に評価してくれる。そこを狙うのです。

もちろん、見せ方・演出も重要です。見た目が貧相だと信用してはもらえません。

もうひとつ。商品の希少性を感じさせることも重要です。めったやたらと並んでいては

ウエブレン効果

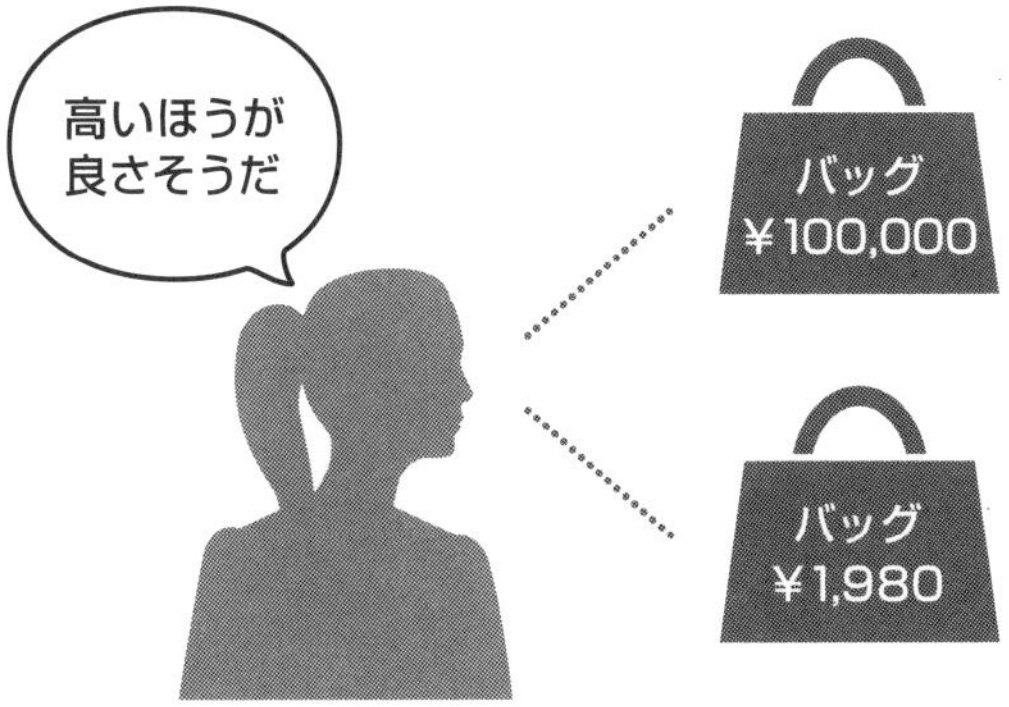

人は購買価格が高いほど、購買行動を起こしやすい

どう見ても貴重な品には見えません。

たとえば、こんな感じです。

「利益を度外視して、単にたくさん売りたければ、値下げ・値引きもあるでしょう。が、当社は絶対にそれはしません。世界中の誰よりも、この商品の価値を知り、価値を信じているからです。この価格が高いかどうかは、使ってみてくれたあなただけが判断できることなのです。」

他にこんな使い方もあります。

〈付加価値でウェブレン！〉

「高額な商品＝良い商品、安い商品＝粗悪な商品」という心理を活かして、似たような商品の場合、他社や他店よりも高めの価格設定をします。

他社＝19万8000円
当店＝29万8000円

ただし、アフターサービスが命です！

とか、

目に見えない部分に職人の技が活かされています！

などの付加価値ポイントを訴求しましょう。

18 〈錯覚させる公式　その1〉表現を変えるだけで印象が異なる

フレーミング効果

数字のマジックを利用する

意思決定する際に、選択肢の絶対的評価ではなく、自分の心理的印象を重視して判断をしてしまう心理学的効果です。仮に同じ内容でも、表現の仕方や例え方を変えることで、印象が大きく変わります。これを、「フレーミング効果」と呼びます。

たとえば、以下の2つを比べてください。

A　成功率90％の手術

B　1000人のうち100人が死亡する手術

フレーミング効果

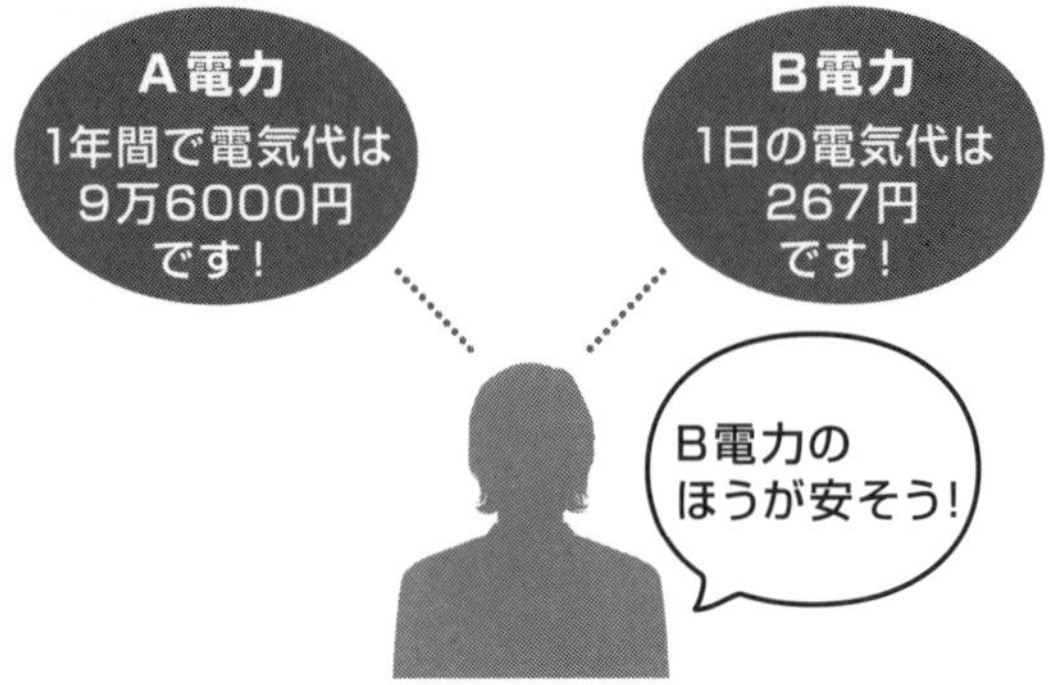

同じことを言っていても、
言い回しで人の受け取り方は違ってくる

Aの手術のほうが、安心できる気がしませんか？

こうした〝言い方〟ひとつで、大きく印象が変わってしまう効果を活かすと、色んな仕掛けができます。

たとえば、電気代の説明をする際、「1年間で電気代は9万6000円です」と言うのと、「電気代は1日267円です」と言うのとでは反応に大きな差が出ます。9万6000円よりも、267円のほうが明らかに少ないからです。ですが、実際は同じ意味です。

同様に、「100人全員1％引き！」と言うのと、「100人にひとり無料！」と言うのでは、〝無料〟のほうが力を持ってしまいます。

それから他にこんな使い方もあります。

あなたならどっちを買いますか？　いくらでも、コミュニケーションに活かせますよね。

A　〇〇牛、赤身75％

B　〇〇牛、脂身25％

また、単位を変える方法もあります。

A　この美容液、1日当たり400円です。

B　この美容液、1ミリグラム当たり60円です。

というやり方です。レッツチャレンジ！

19 〈錯覚させる公式　その2〉
数字の使い方が大事　同じ内容でも伝わり方が変わる
シャルパンティエ効果

イメージしやすい単位を使う

「同じ質量なら大きなもののほうが軽く感じられる」という心理学的効果です。

このシャルパンティエ効果はある種のトリックです。しかし、実に効きます。

「富士山の何倍の高さ」とか「東京ドーム何個分の広さ」というような表現をよく目にしませんか。あれがまさにそれです。

事実、「スポンジ100キロと鉄100キロ、どっちが重い?」と尋ねられて、「鉄100キロ」と答える人が結構いるくらいですから。

だとしたら、パッと頭に浮かぶ〝らしさ〟を使って、その気にさせるのも作戦としては

シャルパンティエ効果

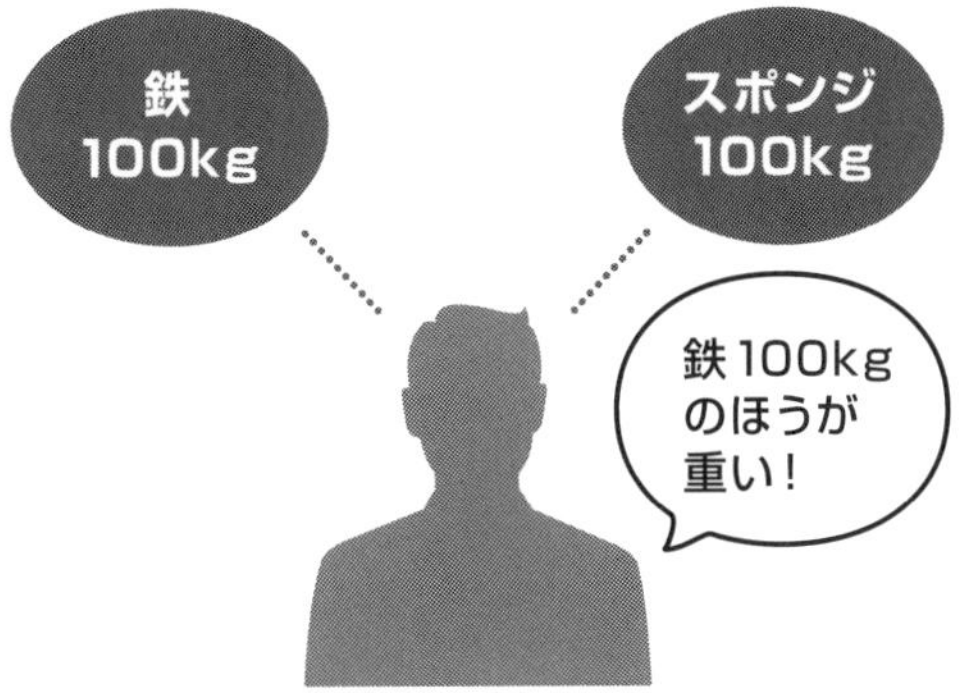

ものが持つイメージによって、人は異なる印象を持つ

ありです。

たとえば、「オルニチン25ミリグラム入りのみそ汁」と言うよりも、「しじみ70個分のみそ汁」と言ったほうが効きそうですよね。「7トンの荷重に耐える物置」よりも「100人乗っても大丈夫！」のほうが強そうに感じられませんか？

漢数字と算用数字の印象の違い

他にこんな使い方もあります。書き方を工夫するのです。

漢数字を使って「五千個も売れています！」と書くのと、算用数字を使って「5000個も売れています！」と書くのでは、インパクトがまったく違います。「5000個」という表記のほうがたくさん売れているように見えます。

①五千個より、5000個。
②八万円より、80000円。

また、2段階でシャルパンティエする方法もあります。

①どれも50％オフ、さらにレジで20％オフです。
②どれも60％オフ。

ちょっと計算してみてください。どっちがお得でしょうか。そう、同じなんですね。「○○↓さらに○○」と段階を踏むことで、お得感が増すのです。段階の威力。これもシャルパンティエ効果のマジックです。

ぜひ使ってみることをおすすめします。

20 〈錯覚させる公式　その3〉 3つの選択肢を用意する

松竹梅効果で誘導

人は3つの選択肢のうち真ん中を選びたがる

「松竹梅効果《しょうちくばいこうか》」とは、３種類の金額の商品やサービスがある場合、真ん中を選択してしまう心理学の法則です。

たとえば、レストランのコースメニューで６０００円、８０００円、１万円のものを用意すると、８０００円のコースが最も売れると言われます。

見方を変えれば、５０００円のＡという商品を売りたければ、その上に７０００円のＳ商品を作り、その下にかなりチープな３０００円の商品を作っておけばいいということになります。これでかなりの確率で５０００円のＡが選ばれます。

松竹梅効果

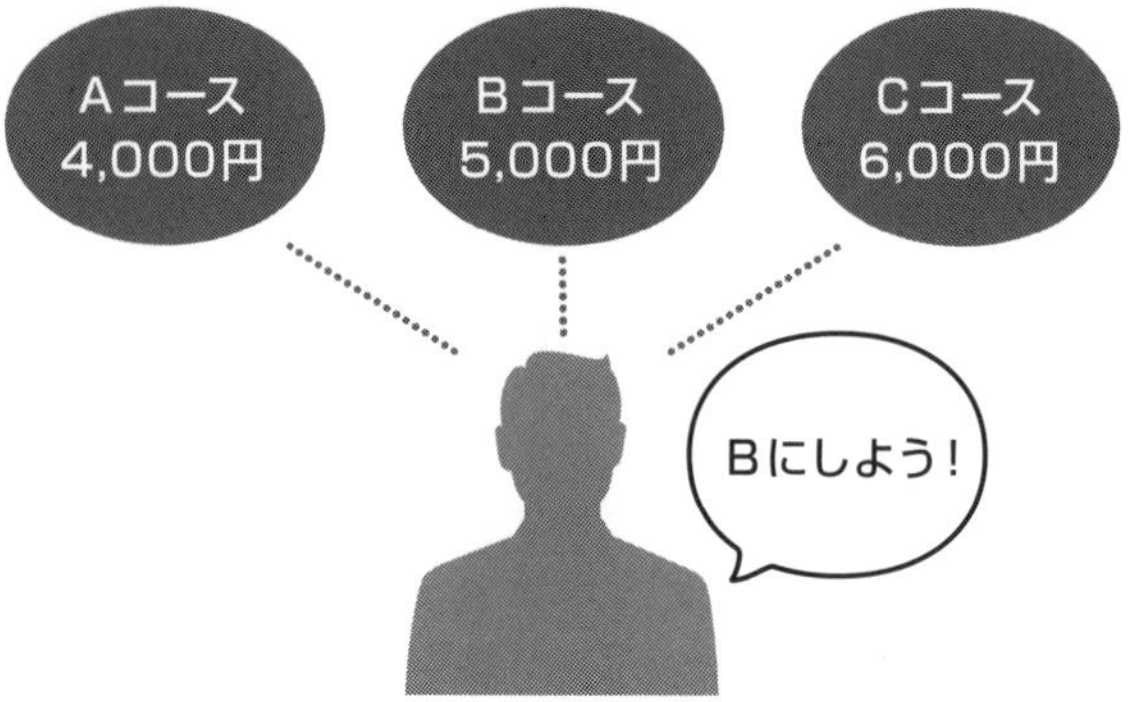

人は３つの選択肢がある場合、真ん中を選択してしまう

他にこんな使い方があります。

「ご好評に応えて、○○機能付き松をご用意しました。」

こう伝えることで、竹が売れます。

他にこんな使い方もあります。

たとえば、最も売りたい商品がある場合、その商品を「通常版＝スタンダード」と考え、その上位版、さらに最上位版という風にグレードアップ版を用意します。

これで、売りたい商品への注目とオーダーが増えてくるのです。

わかりやすさで松竹梅をする手法もあり

ます。

料理に例えると、高級食材が混じっていると、何となく敷居が高くオーダーしづらい気持ちになります。加えて、店の側も原価が上がり、経営的にはしんどい。ですから高級食材をある意味〝見せ球〟にして、その下を売っていくという発想です。

松　まぐろ・いくら・白身＋うに・タイ＋あわび・伊勢海老
竹　まぐろ・いくら・白身＋うに・タイ
梅　まぐろ・いくら・白身

これで、竹が売れるようになります。
ぜひやってみてください。

21 〈錯覚させる公式　その4〉大きな買い物の後なら、少額の出費は気にならない

テンション・リダクション効果

大きな買い物後の隙を狙う

大きな決断や成功をした後は、緊張が解け、心にちょっとした油断が生じるという心理的効果があります。

そして、その油断している隙を突くように、初めの買い物よりも低額なものをすすめられてしまうと、思わず「イエス」と言ってしまう。

マクドナルドがやっている「ポテトはいかがですか?」は、まさにそれに当たります。それがこの、テンション・リダクション効果です。

だとしたら、その「隙を狙う方法」というのもありです。もちろん、金額は最初の商品

テンション・リダクション効果

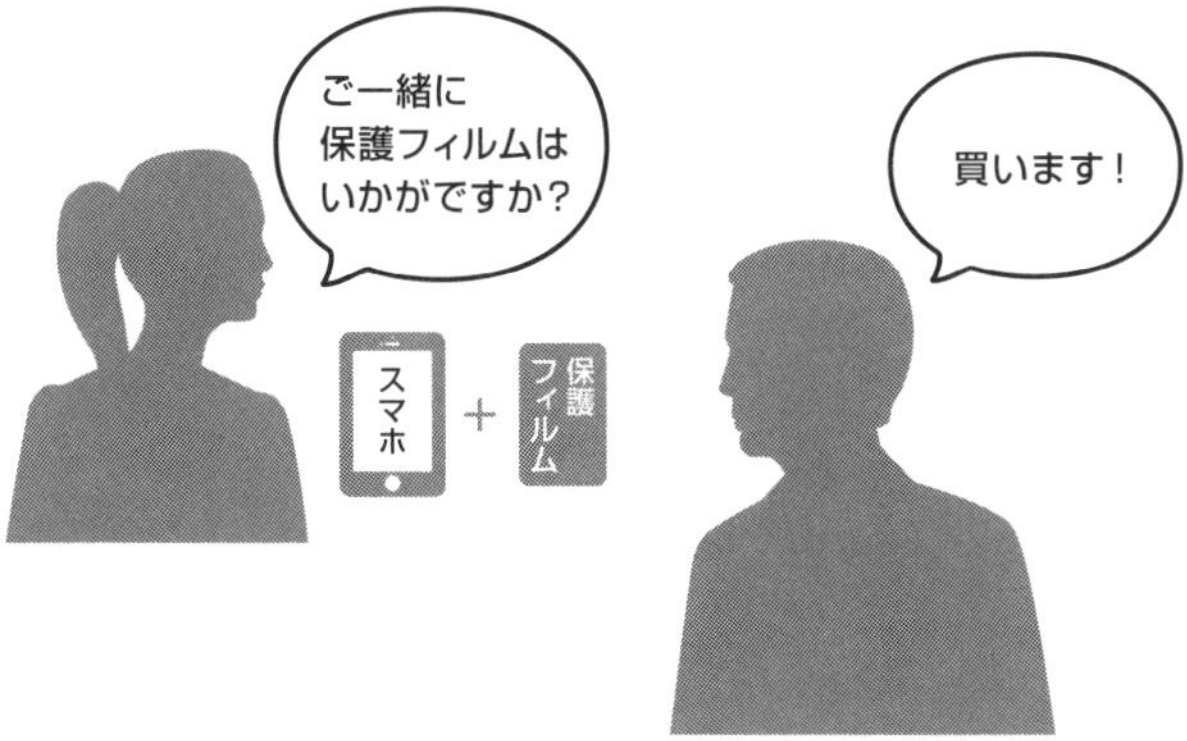

人は高額の買い物の後は財布のヒモがゆるくなる

よりも安くないと成立はしません。
たとえば、こんな使い方です。

「あなたは今日から、この車のオーナーです。おめでとうございます。素晴らしいステータスと、新しく刺激的な日々がこれから約束されています。が、せっかくの運転も、道に迷ってしまったり、何度も引き返すようでは台無しですよね？　そのために、世界最高峰の情報精度を誇るカーナビをご用意しました。今ならこの車をお買い上げの方だけに、特別に半額でお分けすることができます。」

他にこんな使い方も可能です。

〈裏技でテンション・リダクション！〉

たとえば、紙の媒体（パンフレット、チラシなど）の表面に高額商品や魅力溢れる特典、価格を載せます。これでも十分に魅力的な情報です。

この時点でお客さんは、「高額を出費する決断」を済ませています。

次に裏を見ると、裏面に少し安めのおすすめ商品が、ど～んと書かれているという流れ。「どうせ、○○万円を使うんだから、あと追加で数千円は問題なし！」と判断してしまうわけです。

他に、ささやきでテンション・リダクションする方法もあります。

大きな金額を支払ってくれた方に対し、即座にテレマーケティングでお礼の電話をかけます。そして、その際に、お礼の言葉とともに「耳寄り情報」「購入者だけの特典」として、安い商品を別途すすめます。

かなりの確率で、購入に至ります。

22 〈錯覚させる公式　その5〉曖昧なご託宣を、自分のことと捉える

バーナム効果

「あるある」を実感させる

「バーナム効果」とは、誰にも当てはまるような曖昧な表現をあたかも自分だけに当てはまるものだと捉える心理学的効果です。

たとえば血液型。「A型は几帳面」「B型は自己中心的」「O型は大雑把」と、多くの人がこんなイメージを持っていますが、よくよく考えると、これは誰にでも当てはまること。誰かだけに特別なことではありません。

几帳面な要素は誰でも持っているし、大雑把な面もそれなりにある。ですが「A型は几帳面」と言われると、「確かに当たってるな」と考えてしまうのが「バーナム効果」です。

バーナム効果

人は誰にでも当てはまるような曖昧な表現を
自分だけに当てはまるように解釈する

だとしたら、この曖昧な言い方で、「自分もそうかも？」と思ってもらえたら話は早いですよね。誰にでも当てはまるのですから、逃げようがありません。

たとえば、こんな使い方です。

「御社は人手不足に悩んではいませんか？　もしそうなら、安定的に最高の人材をご紹介できるシステムがあります。これは単なる人材紹介とかマッチングビジネスではありません。膨大な質問によって、御社の課題を見極め、これまた膨大に蓄積された個人登録者情報から御社に最も相応しい人材をご紹介するのです。この登録情報は世界特

許を取っており、他のどこも真似できないモノなのです。」

他にこんな使い方も可能です。

〈共通の心理を突く！〉

「心からあなたにピッタリの商品に出会いたいですよね？」

こう言われて、ノーと反応できる人はそうそういません。つまり、この段階で首を縦に振っています。つまり応諾のサインが出ているのです。だとしたら、あとは、こんな流れです。

「あなたがお探しの、〝あなたにピッタリの商品〟。おそらくこの中にあります。じっくりと読んでいただき、世界であなただけのために創られた商品と出会ってくださいね。」

値段の提示法を変えるだけでも効果は出ます。

「○○様はお金の使い方に長《た》けていらっしゃるので、やはりお値段は気にされるほうですよね？」

この導入で、かなりの人は「もちろん、私はそうですよ！　だって賢い消費者ですから」と受け止めています。ならば、ここから自分が扱っている商品がいかにリーズナブルであるか、いかにお買い得な商品であるのかをロジカルに語ります。

これで落ちます。

23 〈錯覚させる公式　その6〉第一印象は動かせない

確証バイアス

相手の先入観を否定する

「確証バイアス」とは、自分が抱いている先入観に対し、肯定的な意見を積極的に集めようとする、無意識の作用のことです。

論理的根拠はほとんどないのに「この判断は絶対に正しい」と確信していることはありませんか。その判断はもしかすると、確証バイアスに思考を支配された状態で生み出されているかもしれません。

逆に、先入観に反する意見には、消極的な対応になります。人は、自分が信じたいものを信じるということです。たとえばこんな使い方です。

確証バイアス

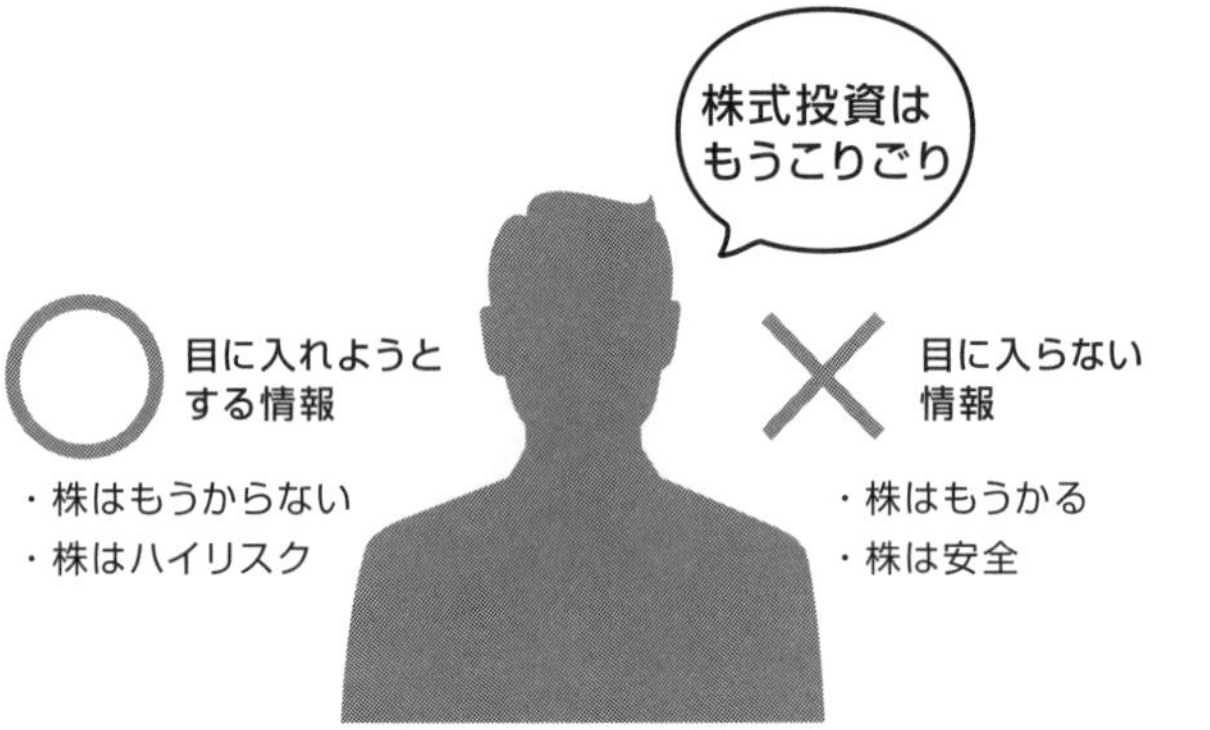

人は先入観を持つと、それに反する情報から遠ざかろうとする

「中国製だからって馬鹿にしたら大損します。あなたが知らないうちに、あの国はすごいチカラを身につけてしまいました。」

「中国製は粗悪」という確証バイアスを使った表現ですね。

「工場生産の日本酒はおいしくない！と信じ切ってはいませんか？工場で作るからうまさが維持できる。杜氏《とうじ》という人間が創るのでは安定性に欠けるのです。」

これは獺祭《だっさい》と言う酒蔵が言い出した考え方

です。獺祭、売れています。
他にこんな使い方もあります。

①後押しで確証バイアス！

自分が欲しいと思ったものを買おうかどうしようか迷っている場合、購入者の感想とか、ネットのレビューから、自分にとって都合の良いこと、背中を押してくれる情報ばかりを探してしまうことがあります。

ということは、あなたからの提案にセットして、お客さまの声を載せるのは有効ということですよね。

②常識否定で確証バイアス！

「○○は粗悪」のような誤った常識が多いです。

だとしたらそれを真っ向否定すれば、「あなたを信じてみよう！」と言う人が出てきますよね。たとえば、

「『○○だから粗悪！』という見方はもう終わりです」とか、「『○○は質が良くない！』と

いう常識で損をしてはいませんか?」のように、コピーで引き込む方法です。

24 ポジティブに伝えた方がうまくいく〈錯覚させる公式　その7〉

ネガティブフレームとポジティブフレーム

人はネガティブよりもポジティブな言い方を好む

伝え方や言葉の選び方で、受ける印象が大きく変わるという効果です。

よく使われるネガティブフレームは、「これを食べ続けたら、80％の確率で死にますよ」というものです。「死ぬ」というネガティブなほうにフォーカスを当てています。他方、ポジティブフレームの例としては、「これを食べなかったら、20％の確率で生き延びることができます」という「生きる」にフォーカスを当てる言い方です。

前記2つの言い方は、実は同じ意味です。

しかし、ネガティブな視点から言うか、ポジティブな視点から言うかによって受け取ら

ネガティブフレームとポジティブフレーム

人はポジティブな言い方を好む

れ方がまるで違ってきます。実はこの2つの言い方で、アンケートを取ったら、ポジティブな言い方をしたほうを選択する人がとても多くなるという実験結果があります。しかし、ネガティブな言い方には「脅迫効果」があり、人の気持ちを動かしやすいという側面もあるのです。要は使い分けですね。

では、こんな使い方はどうでしょう？

ダイエットもせずに太っている人には、「運動すれば痩せて綺麗になるよ」と言ったところで聞く耳を持ちません。ですが、「運動しないとメタボどころか糖尿病になって、心筋梗塞になっちゃうよ」と伝えたら行動に移しますよね？

他にこんな使い方もあります。

①メリットを強調してポジティブフレーム！

「この○○は3年経つと電池を交換しなければなりません」と書くのではなく、「この○○は、なんと電池が3年も持ちます！」という風に、ポジティブ視点で書いたほうが売れます。

②継続性を強調してポジティブフレーム！

「この○○の効果は、1年で失われます」とネガティブに表現するのではなく、「この○○は、なんと1年も効果が持続します」とポジティブに表現するほうが良いです。

たったこれだけの違いで、売上が変わってくるのですから、使わない手はないですよね。

25 〈好感度を上げる公式〉ピーク時と終わりで気持ち良くさせる

ピークエンドの法則

終わり良ければすべて良し

ある経験をしたとき、ピーク時（一番盛り上がったり、面白かった部分）の印象と、終了時に感じた評価がその経験のすべての評価になるという心理学の法則です。

ピークエンドの法則は、自分の過去の経験を、ピーク時（絶頂期）の印象＝記憶と、終わりかけの印象の2つで判定してしまう傾向にあるという法則です。

たとえば、昔の恋人との思い出を振り返る場合、蘇るのは「一番楽しかった」あるいは「一番ツラかった」思い出に加え、「別れ際」の思い出のはずです。

この2つの印象から、楽しさに溢れた恋なのか、ツラいばかりの恋なのか、全体の印象

ピーク・エンドの法則

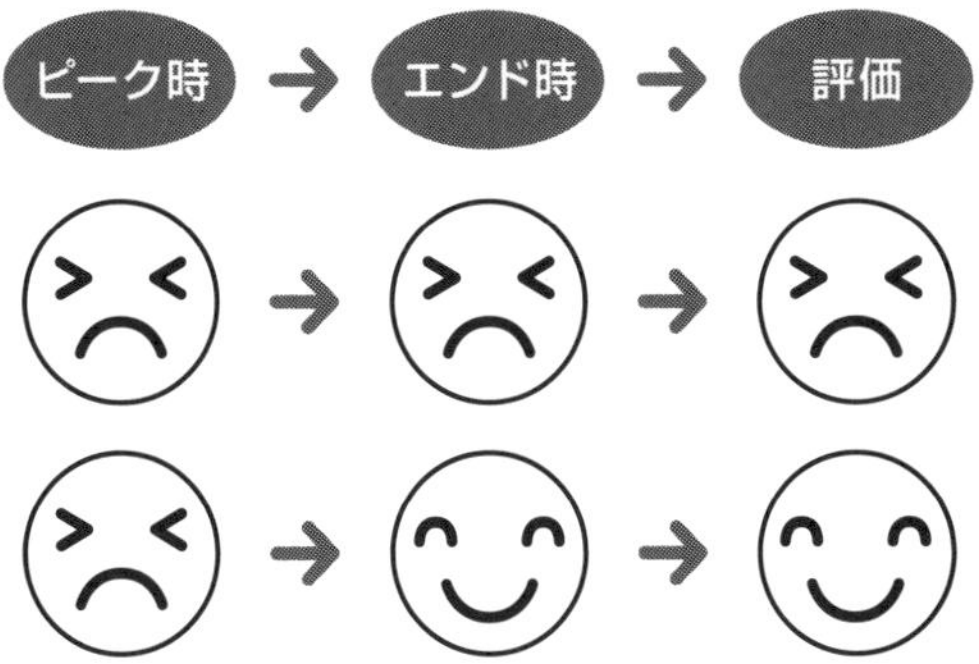

人は「終わり良ければすべて良し」と考える

が決められてしまうのです。

だとしたら、ピーク時の印象を良くして、さらにラストを良い印象で締めくくれば、良い印象しか残りません。

たとえば、こんな使い方です。

語りや文章の中盤で、どうにも「ノー」と言いにくい提案をしたとしましょう。そうしたら終盤で、それに負けない、いや、より上を行く提案（特典、おまけ、アフターサービスなど）を提示します。これによって、「素晴らしいオファーだったね、終わりも素晴らしかったし」というダブルの好印象を持ってもらえるわけです。

他にこんな使い方もあります。

①去り際は、急いで去らずにピークエンド!

余韻は大事です。スパッと切られるとなんだか哀しいし、場合によっては腹も立ちます。なので、終わりはできるだけ余韻を残しましょう。ここで言う余韻とは、読み手が気持ち良くなる工夫です。たとえば、「購入者プレゼント」とか「来店特典」など、お得な感じの提案です。通常、こうした特典系は目立つところに書きたくなりますが、あえてお終いの部分に書くことで、読んだ人の〝選ばれてる感〟に訴えることができるわけです。

②追伸でピークエンドを起こす

通常、ビジネス文章で、〝追伸〟はほぼ目にしません。だからこそ効くのです。

> **追伸：ここだけの内緒の話ですが、この商品には秘密の特典が、別についています。内容は電話か店頭でお確かめください。**

のような感じです。

26 〈警戒心を下げる公式　その1〉「人気です！」と伝える

バンドワゴン効果

人は行列やランキングに弱い

「バンドワゴン効果」とは、「サービスの利用者が多ければ多いほど、その多さを伝えるとユーザーの満足度は高くなる」という心理学的効果です。

日本語的に言えば、付和雷同《ふわらいどう》です。行列ができている店の前を通ると、食べたこともないのに、「ここおいしそう」と感じることがあります。

「ものすごく売れている！」「大ヒット中」と言われたら、それだけで素晴らしい商品だと感じてしまう。「アマゾンランキングで1位を獲得！」と書かれたら、読んだこともないのに素晴らしい内容の本なんだろうと思い込む。これがバンドワゴン効果です。

バンドワゴン効果

人は人気を集めているほうを優れていると感じる

要は、「ゾロゾロと続く行列があると、何となくその後ろをついていってしまう」ということです。つまり評判のマーケティングです。

たとえばこう使います。

「この○○を使ってくださった方のうち、1000人の方に、顧客満足度アンケートを行いました。もちろん充分にご満足いただけている自信はありました。が、これほどとは！　1000人中、実に992人の方が『満足している！』とお答えいただいたのです。私たち自身が驚き、そして自信を新たにし、『もっともっと良くしたい！』そう誓ったのでした。」

他にこんな使い方もあります。

①キーワードでバンドワゴン!

「今、話題の商品がコレです!」

「有数のロングセラー商品です!」

「売れ筋ナンバー1ならコレ!」

「○○部門で、圧倒的1位継続中!」

「○○賞受賞商品!」


こう言われると、「すごい!」と感じますよね。でも嘘は駄目ですよ(笑)。

②「自分だけが知らない!」と思わせてバンドワゴン!

2015年にアメリカの調査会社ニールセンによって実施された「消費者の購買行動に関する市場調査」によれば、「テレビ広告を信頼する」と回答した人は全体の63%、他方、「友人や家族からのおすすめを信頼する」と回答した人は83%。つまり、マスメディアよりも、口コミの影響のほうがはるかに大きいという事実があります。

こう書いて、以降、お客さまの声を多く掲載すると、信頼度が一気に増すわけです。「信じないといけない！」と思い込んでしまうわけですね。

27〈警戒心を下げる公式　その2〉「あなただけじゃない!」と安心させる

フォールコンセンサス効果

お客の声で安心させる

「フォールコンセンサス」とは、自分以外のみんなが自分と同じ意見を持ったり行動をとるはずだと思い込む心理です。

人は他の人々も自分と同じように考えていると見なしたがります。実に勝手ですが、これが事実です。

だから、お客さんの声をたくさん見せてあげる（もちろんネガティヴなものは極力避けます）ことで、「あ、やっぱりみんな自分と同じなんだ!」と安心してくれるわけです。

安心したら心に余裕ができ、購入決定につながりやすいわけです。

フォールコンセンサス効果

人は他の人が自分と同意見だと安心する

たとえば、商品を購入した直後は、「本当にこの買い物は間違っていなかったんだろうか？」と誰しもが不安になるものです。そんなときこそ、多くの顧客から集めた〝お客さんの声〟がとても有効です。「あ、自分と同じ人がこんなにたくさんいる！　みんな良い評価をしている」と安心が欲しいわけですね。

他にこんな使い方もあります。

①お客さまの声で圧倒してフォールコンセンサス！

「買おうかどうか、かなり悩んでましたけど、買って大正解！　毎日使っていると、徐々に効果が現れてきた気がします」とか、「ちょっと高いかも？　と思ったんだけど、買ってみて使ってみたら、金額だけの効果が出ました！　今はこれ以外考えられません！」のような、極めてポジティブなお客さまの声をたくさん出してください。フォールコンセンサスが得られます。

②ロジカルに攻めてフォールコンセンサス！

実に、○%の方が、やめられないとおっしゃっています。

満足者98％くらいの購入者満足度の円グラフを用意しましょう。その上で、このグラフが効果を生むのです。と続けます。

28 〈安心感を増す公式〉リスクを怖がる

マッチングリスク意識

疑心暗鬼を解消する

マッチングリスク意識は「商品の購入後に自分に合わなかったらどうしよう」とか、「(飲食店選びで)美味しくなかったらどうしよう」など、事前に勝手に未来を予測して不安になる状態のことを言います。疑心暗鬼のことです。

ということは、できる努力をして、その不安を消してあげれば良いということになりますね。

たとえばこんな使い方です。

マッチングリスク意識

人は疑心暗鬼を解消されると安心して購入する

①「返金保証」「返品保証」でマッチング！

自分に合わない場合、返金や返品に応じてくれるとなれば、マッチングリスクに不安を感じても、安心して購入することができます。

実際には、返金請求にまで至ることは少ないです。「最終的に自分で決断して、申し込んだのは自分」という意識があるからです。逆に、返金保証・返品保証をつけない場合、クレームへの手間やコストを考えれば、つけたほうが売上につながりやすいし、結果、利益が増えます。

②無料サンプル、無料お試しでマッチング！

高額商品・高額サービスは、しっかり試してから納得の上で購入したいものです。たとえば、化粧品や健康食品のサンプル、飲食のクーポンなどです。化粧品は肌に合うかどうかを試してもらい、合えば購入につながる可能性は高いし、飲食の場合も味と価格のバランス（コストパフォーマンス）が、クーポンによってよく見えるのです。

③長期保証でマッチング！

高級品であるほど、長期保証で安心させることが大事です。自動車、住宅、冷蔵庫・洗濯機、パソコンなどは、故障や不具合が生じる可能性も高くなります。価格の割引には限度があるとしても、長期保証次第で、安心感につながります。

④お客様の声でマッチング！

魅力を感じながら、他方、不安を感じることもあります。この場合、「○○を買って本当に良かった！」というお客様の声で安心します。たとえばサンプル請求をする際、同時に小冊子を入れ、たくさんの利用者の声が書かれていれば、明らかに安心感が増します。あなたもアマゾンや食べログなどのレビューを読んでから購入したことが多いはずです。

第 4 章

超実践「シチュエーション別」伝え方マニュアル

ここまで様々な「伝える技術」についてお話ししてきました。本章では、色々なシチュエーション別に、効果的な伝え方をお教えしていきます。まさに、プロが使っている技。ぜひ取り入れて〝伝え方名人〟になってください。

01 好きな人をデートに誘う場合のポイント

相手に場所を選ばせることで押しの強さを薄める

複数の選択肢を用意する

デートの誘いも、強引な印象を持たれてしまうと、うまくいくものもうまくいかなくなってしまいます。

が、あまりにもへりくだり過ぎるのも弱気に見えて、これまた逆に避けられてしまいそうです。

そこで憶えておいて欲しいのが、「ダブルバインド」という考え方です。これは相手の側に選択肢を複数与えることで、結果、「自分で決めた！　自分が選んだのだ！」と思わせる手法です。

たとえば、「今度の休みに遊園地に行かない？」という一択ではなく、「今度の土曜日か日曜日、遊園地に行かない？」と複数の選択肢を提示するわけです。

そうすると、相手は行く、行かないの二択ではなく、行くという前提で、自分に都合の良い日を選ぶことができます。気づかないうちに合わせてくれているわけです。

つまり、自分が主導権を握った気になり、強引に誘われたという印象を持ちません。

ただし、できるだけ無理な選択を強要しないように、選択肢の選び方を工夫しないといけません。

〝旬《しゅん》〟を意識する

それからもうひとつは〝旬〟です。日本には四季があって、旬の場所、旬の食材、旬の見ものがあります。

この旬は日本人の心に深く強く根づいたものですから、ぜひ活かして欲しいのです。

たとえば、京都の金閣寺を見に行くのでも、ただ単に「金閣寺に行かない？」ではなく、「今、金閣寺の紅葉が特にすごいらしいんだけど、見に行きませんか？」と言います。

食事に誘う場合も、単に「おいしい店があるよ!」だけでなく、「ホタルイカのしゃぶしゃぶを食べられる店、見つけたんだけど、今、この時期しか食べられないらしいので行こうよ!」といった具合です。

日本には幸いにして、四季という素晴らしいものがあります。だとしたら活かさない手はないですよね。

ぜひやってみてください。

02 相手になかなか伝わらないとき、この技

「わかってくれるだろう」と期待してはいけない

話の要素を整理する

日本人は、察する文化の中で生きてきています。いわゆる阿吽《あうん》の呼吸です。言葉にして言わなくても、「わかる」あるいは「わかってほしい」という気持ちを抱くのです。が、それは間違いです。結局、それが高じてお互いに、「何となくわかっているつもり」という状況に陥りやすく、揉め事の元を作ります。

ハッキリ言います。世の中にアイコンタクトなんてありません。あるという人はそう勘違いしているだけなのです。

第1章でも述べましたが、言わないことは聴こえないし、話さなければ届かないし、書

かなければ読んではもらえないのです。

ですから、まずは、正確に伝わるための要素を整理して臨むべきです。

たとえば、今回絶対に言わなくてはいけない言葉とか要素を事前に整理し、確定させておくのです。

たとえば、あなたがクライアントと話すときに、絶対に言わなくてはいけないことを事前に整理します。

たとえば、以下のような感じです。

・金額は見積もりから1円たりとも下げられない、ギリギリでやっていること
・スケジュールには多少余裕を持たせてあるが、プラス1週間が限界であること
・それを過ぎてしまったら、約束の期間中に完成させることが無理であること
・だから、○○日の夜までには最終のゴー回答が欲しいこと

これを準備して、しっかりと会話ややり取りのなかで言葉にすることで、伝わる可能性は格段に上がります。

この事前整理をしていないと、何となく話した気になって終わったり、肝心なことが抜け落ちたりします。心がけてください。

03 話に説得力を持たせるための"ちょい足し技"

自分のリアルな体験を伝える

辛い体験を話して相手に接する

私の優秀な教え子の一人に、佐藤伸博さんという人がいます。彼はもともと仙台でブライダル会社の責任者をやっていました。順調だったと言います。しかし、2011年3月、かの東日本大震災が宮城を襲います。佐藤さん一家も、地震・津波の直後は離れ離れになり、お互いものすごく心配したそうです。不幸中の幸いで、家族全員の無事は確認できましたが、あの震災は佐藤さんの心に大きく深い爪痕を残しました。佐藤さんは宮城を出ることを決断します。そして翌年、北海道の札幌に引っ越しを決めました。

そこでもウエディングの仕事をしていたのですが、ふとした出会いから、一般社団法人北海道広域避難アシスト協会の代表理事を務めることになります。この仕事は、北海道からの委託事業「道内避難者心のケア事業」で、東日本大震災からの避難者約2600名（事業受託当時）への支援活動を実施するものです。

佐藤さんは積極的に活動を続けます。その中で、自身の被災体験を伝えるために防災士の資格を取得、北海道防災教育アドバイザーとしても道内各地で講演を実施します。

この活動の中で最も苦労したのは、いかにして「この人の話は信じても良いのだ」と感じてもらうかということでした。とにもかくにも、話を聴いてもらわなければ始まらないわけです。特に震災直後は、義援金詐欺などが横行し、「人が人を信じられない」という最悪の雰囲気でした。その中で「どうやれば自分の話を聞いてもらえるか？　活かしてもらえるのか？」そこに目を向けた佐藤さんは自らの被災体験を語ることにしました。

もちろんこれは佐藤さん自身にとって、とてもキツイ体験です。震災当日、とても立っていられないほどの揺れの中、長男の無事は確認できたものの、長女の安否が確認できません。当時奥さんは妊娠中で、精神的にも落ち着かせなければいけない時期。そんなとき、長女の通う幼稚園の近くでがけ崩れの情報が入ってきます。いてもたってもいられません。結果的には全員無事でしたが、この体験は佐藤さんに強烈な使命感を与えたのです。

北海道に移り、道内避難者心のケア事業の仕事をするなかで、佐藤さんはまず自らの被災体験を語ります。「私もみなさんと同じ被災者ですよ。机上の空論ではなく、実際にあの現場にいたんですよ。怖かったし辛かったんです」というリアルな話をしたのです。

そうすると、参加者の心が開きます。突然、心が通う気がするのです。

ここで辛い思い出だからといって、話すことを拒んだらどうなるでしょうか？　きっと誰も話を聞いてはくれません。つまり佐藤さんの活動は無駄になってしまいます。が、覚悟を決めてカミングアウトすることで、一体感が生まれる。ここが大事です。佐藤さんは、2018年9月に発生した北海道胆振東部地震の際に、発災直後にフェイスブックライブ機能を使用した無料講演を実施。1000人以上に視聴され、災害直後の対応をリアルタイムに伝えました。

こうした経験から、佐藤さんは、2019年4月にカウンセリングと整体を同時に行うオリジナル手法で起業します。もっと直接触れ合える場所で、ダイレクトにケアをしたいと考えたからです。

対面の整体だけではなく、オンラインでのカウンセリングだけでも身体の症状が緩和されるため、整形外科や通常の整体で解消できなかった痛みが取れると好評を博しています。

佐藤さんの活動はまだまだスタートしたばかりですが、「自ら心を開く」という覚悟があるかぎり、佐藤さんを慕う人は増え続けると思います。

04 初対面で印象を残すインパクト力

「あの人に頼んだら〜してくれそうだ」という雰囲気を出す

ビジネスの話をせずに、キャラクターを売り込む

私の親友に末吉清美さんという女性がいます。神戸で、江戸町商會という不動産屋さんを経営し、毎年3分の1は海外に遊びに行くという、悠々自適の日々を送っています。で、この末吉さん、不動産の仕事はほとんどやりません。というか、単なる物件の売買はつまらないと言うのです。ですが、色んな依頼ごとが引きも切らずにやってきます。どうしてか？　というと、どうやら最初に会ったときのインパクトの与え方が他とは違うようなのです。

彼女は不動産業界にいるにもかかわらず、最初にその業界を否定するのです。

「不動産屋をやってます！　でも、マンションを作って売ったりする仕事はしません！」のような言い方をするのです。

そして以降、一切不動産の話はしません。すると、相手もどことなく不動産の話題を出しにくくなります。で、それ以降どうするのかというと、これまで手がけた色んな仕事の楽しかった話を次々に繰り出すわけです。そうすると、相手の気持ちの中に「この人と一緒に何かやるととても面白そう！　楽しそう！」という気持ちが芽生えます。

そう、「楽しい人、自分を楽しませてくれる人」という強烈なインプレッションを残すわけです。

話上手は聞き上手

それからもうひとつ、末吉さんの特筆すべき特徴があります。それは徹底して相手の話を聞くことです。相手の話を聞きながら、面白いほうに話が展開するように、ある意味、誘導というか話を広げるのです。

同じ関西の明石家さんまさんのトーク術に、「どんどん話を進めさせる」というものがあります。「ほ～そうなんや！　ほいで？」「へ～、おもろいな～、そんでどうした？」みたいな、相手が知らず知らずに次々に話題をつなげていくのですが、どうやら末吉さんもそれと似たことをやっているらしいのです。

決してさんまさんの真似ではありません。でも導いていってしまう。そしてそのなかに面白いネタがあったら、そこでアドバイス。相手が気づいてもいないビジネスチャンスを指摘してあげたり、新たなマーケットを気づかせてあげたりするのです。

絶対に売り込まない

さらにもうひとつ、末吉さんのすごいところは、絶対に売り込まないことです。これも不動産業界としてはちょっとあり得ません。

あくまでも私の一方的な見方ですが、不動産業界の人はとにもかくにも売り込みます。しかし末吉さんはそれをしません。挨拶のときに一言だけ語り、しかも「マンションの売買はしません！」みたいなアンチをかましたまま、以降、不動産の話は一切しません。これは強烈です。

「業界を否定してみせる」「話を思わぬ方向に広げる」「売り込みをしない」この3点セットで強烈なファーストインプレッションを残してしまうわけです。

結果、どうなるかというと、一度会っただけの人から、後日、面白い相談が来ます。当然ながら、不動産の売買には関係しない、もっと生々しい、ある種の人生相談のような依頼が来ます。

「あの人に頼んだら何とかしてくれそうだ」「あの人に依頼したら、楽しくなりそうだ」と思うんですね。

そして、末吉さんはそこでも存分に力を発揮し、また次の仕事、紹介とか同じ人から別の依頼につながっていくのです。

05 上司に意見を言うときの留意点

上司を直接批判しない

上司を不快にさせない方法

上司に対してストレートに意見するのはとても怖いですよね。機嫌を損ねられたら以降の関係が悪くなってしまうとか、場合によっては報復されてしまうのではないかと考えたら、上司に意見することのハードルはものすごく上がります。もちろん上司の性格やパーソナリティ、社内での立場にもよりますが、なかなか難しいです。

しかし、上司に不快を感じさせずに意見する方法がないわけではありません。ここでは代表的な2つについてお話しします。

①自分を下に落として、上司を持ち上げる方法

たとえば、「これって○○の勘違いですよね？　私、頭が悪くて少し理解しにくかったので、少しだけわかりやすく変えておきました」のような言い方です。

②クライアントの名前を使う

他には、クライアントの名前を使って、さりげなくアピールする方法もあります。「あのクライアントって、○○みたいな表現を嫌う人がいるんですよ。私も以前、それでやられました。ですから、ちょっとだけ変えておきますね」といった具合です。

こうした方法だと、上司もミスを指摘されたとか、否定されたとは考えにくいし、内容をよくするためにやってくれたことなので、攻撃的に出られません。加えて、ミスはキチンと改善されるという良いことずくめです。

《06 営業で自己紹介するとき、「聞きたい」と思わせる技

段階を踏んでアプローチする

安心感を先に与える

亀山洋平さんという人がいます。税理士事務所経営サポートセンターという、ちょっと面白い名前の会社の代表です。

彼は、某保険会社で大きな実績を上げ、つい最近、独立起業を果たしました。彼の仕事は、税理士事務所、会計事務所に、新たな収益の柱としての保険取り扱いをすすめ、その拡充を支援し、結果、コンサルティング業務までを請け負ってしまうビジネスです。

亀山さんのホームページには、自らの強みとして、次のようなことが書かれています。

・3カ月後に月商350万円アップなど、知識を伝えて終わりではなく、短期間での収益アップが可能
・顧問先・スタッフの数を変えずに売上アップ
・新規顧問先拡大だけではなく、既存顧問先からも売上アップ
・所長以外にも売上をあげられるスタッフの育成が可能
・事務所や所長のビジョンに共感したスタッフが採用でき、辞めずに定着する

強い意志を感じます。

ですが、そもそもの話として、税理士事務所や会計事務所が保険を売りたいと思っているケースはそうそうないでしょう。ですから突然訪問したりしても門前払いが普通です。煙たがられて当然です。まともに取り合ってももらえないと思います。そこで亀山さんはその不利を払拭するために、独自の3ステップアプローチを考えました。

①ステップ1　ターゲット企業にFAX　DMを送る。FAX　DMには、半年で売り上げを大きく伸ばす手法と間違いのない実績などが書かれています。

②ステップ2　FAXが届いたタイミングで、冊子（6カ月で月商350万円アップ・スタッフ育成）を進呈する旨の電話をかける。そしてアポイントを取ります。

③ステップ3　アポを取った相手に、1分間スピーチで趣旨を伝える。

という3段階のアプローチです。

もちろんステップ3では、事前に相手の会社のホームページや付帯情報を研究しておいて、リアルな提案もしてしまいます。ここではこれまで手がけた数千件に及ぶ実績の中から、相手が関心を持ち、食指を伸ばしそうな事例を交えて語ります。

そもそも「保険の営業マンにコンサルティングなんかができるのか？」という思いで相手はいるわけです。そうした完全アウェイの中でプレゼンテーションをするのに最も重要なのは、安心感を与えることと、確かな実績です。

要は、他人ごとではなく、自分のこととして受け止めてもらう。その部分に心を割くのです。

この時点で相手は、自社の抱える問題や悩みを極めて具体的に語ってくれるらしいです。そして仕事が生まれていく。そんな流れです。

売ることよりも関係作りを考える

ビジネス、特にセールス系の仕事は無理やり販売に走りがちです。そしてますます敬遠されます。亀山さんはそこにメスを入れました。「どうすれば売れるか?」ではなく、「どうすれば良い関係を創ることができるか?」そこにフォーカスしました。

まずは安心感を与えなければ何ひとつ始まらない。そこに気づいたのです。そして生み出したのが前述の3ステップのアプローチです。

企業秘密になるので、数字を載せられないのが残念ですが、テレアポの成功率や訪問時の成約率はちょっとあり得ないくらいの高水準です。

亀山さんの考え方、活動は、「税理士事務所経営サポートセンター」で検索してみてください。

07 「企画を通したい！」だったらこれ

細部にわたる差別化を意識する

企画が通りやすい人の3条件

自分が考えた企画を通したいと願う。これは誰もが同じです。

では、どうして、企画を通しやすい人と、なかなか通らない人がいるのでしょうか。

その理由はいくつかありますが、ここでは代表的なものについてお話しします。

①相手が欲しいものを織り込む

提案をするとき、相手よりも自分都合で企画を考える人が多いです。要は自分が売りたいものを盛り込み、「相手が欲している内容か？」という視点が抜け落ちているのです。まずは、相手が欲するものに目を向けて、そこをスタート台にしないといけません。自分都合はタブーです。

②タイトルに命を懸ける

タイトルが面白いと相手が提案を聞く態度すら違ってきます。

タイトルが面白いと、それだけで「はやく内容を知りたい」と思います。その受け入れ態勢ができるだけで、通る確率は劇的に高くなります。

たとえば、「御社ホームページのＳＥＯ対策ご提案」では１ミリも面白くないですが、これを「アクセスはあるのに購入につながらないとお悩みではないですか。訪問者を一気に購入者に変える仕掛けをご提案します！」としたほうがはるかに効果的ですよね。タイトルは本文を読ませるための最初の１行の役割を果たします。そこが面白くなければ、間違っても期待を抱かせることはできません。これ大事です。

③他とは違うアプローチをする

大手になればなるほど、色んな会社が色んな提案をしてきます。ですから、通り一遍のやり方をしたのでは埋もれてしまい、そこでお終いです。

他社が分厚い、目方で勝負の企画書を持ってくるなら、あなたは10ページ程度で抑える。それだけで逆に目立ちます。あるいは、プレゼンテーションを若くてきれいな女性にさせる。これだけでインパクトは格段に増します。

こうした細部にこだわった差別化が、結局、通るか通らないかを決するのです。

08 苦手な相手と打ち解けるための〝裏〟伝え技

人は頼りにされたいと思っている

苦手な相手の懐に飛び込む方法

「苦手な人と気持ちよく打ち解ける方法があるのか？」といえば、実はあります。

それは、あまり相性の良くなさそうな人に「頼み事をする」ことです。心理学的にもこの手法は有効です。当然、断られることもあるでしょう。でも、もし引き受けてくれたとしたら、チャンスです。

もちろん、誰でもできるようなことを相談したのでは、「舐《な》めてるのか」と思われかねません。ですから相手が得意としていて、自分が苦手なことを頼みます。

たとえば、一つの例として、細かな作業を効率よくこなす方法とか、作業工程の複雑な仕事をミスなく行う方法とか、相手をある種、くすぐる＝ヨイショする方法を使うとうまくいく可能性は劇的に上がります。

そして当然ながら、過分なくらいのお礼をしましょう。

「ありがとう」なら何度か言います。一度きりではありがたがっているようには見えないからです。二度三度伝えることで、「本当に喜んでくれているんだな」とわかります。

人は好意を寄せられている相手からの依頼に応えようとする

人は、「自分に好意を持っている人からの要請には積極的に応えようとする」という心理を持っています。心理学では「チャルディーニの法則」と言います。

で、結果的に、「自分は、実は彼（彼女）のことを本当は嫌いじゃなかったのかもしれない。嫌いじゃないからこそ、頼まれたんだな」と思ってしまうのです。

加えて、その相手から何度もお礼を言われると、相手に対する見方が良化します。「意外といいヤツじゃん！」となるわけです。

もうひとつ、別の方法として、ある心理テクニックがあります。それは相談を持ちかけるという方法です。

要は、相手の自尊心をくすぐるような相談を持ちかけるのです。相手が得意としていることや、実績のあることを考え、「力を貸してください！」と頼むのです。

私も「外部の会社＝外注先のスタッフ」とかなり仲良くさせていただいていますが、その中の何人かから、中山さんが「頼りにしてますよ！」と言ってくれた言葉で頑張ろうと思いました、というようなことを言われたことがあります。

そう、人は頼られると弱いのです。

そして、対応してもらえたらここでも過分なくらいお礼を言いましょう。そのことで、相手は、「良いことをした」「人の役に立てた！」と感じ、自尊心が満たされるのです。

そんな感じで、苦手な人との関係を克服していってください。

09 SNSで人気者になりたい人の伝え方メソッド

ネガティブな行為は必ず自分に返ってくる

〝炎上〟しないためのコツ

「ＳＮＳを使って自分をアピールしたい！」という人が増えています。

最近ではユーチューバーなどと呼ばれる有名人も出てきて、ますますＳＮＳを活用しなければ！　という風潮が高まっている気がします。

そんな便利なＳＮＳですが、使い方を間違えると大変な災難が降りかかってくることになりかねません。いわゆる炎上などもその一つです。

ＳＮＳを使って人気者になることを目指すには、大きく３つの留意点があります。

①〝らしさ〟を演出する

1つ目は、〝らしさ〟の演出です。インターネット上に何かを書くというのは、もうひとりのあなたをそこに作るということです。誰かの書き込みに遠くからいちゃもんをつけるだけなら匿名でも良いですが、そこから最低でもビジネスにつなげたいとか、人脈を広げたいというのなら、最低限あなたらしさを打ち出さないといけません。どこの誰かわからない相手に、人は自分の重要なものを委ねたりしないからです。

要は、ハンドルネームをどう語るかという以前に、自らをキチンと知らしめないといけません。少なくともプロフィールくらいはキッチリ書いて、「どことなく信頼できる人だな」というくらいは感じさせるべきでしょう。人は知らないものに対しては怪しさを感じてしまうからです。

②真似から入らない

それから2つ目めは、真似から入らないということです。

今、ネットの世界ではまさに数えきれないほどの人たちがうごめいています。まさに玉《ぎょく》石混交《せきこんこう》、無限の人がいるといっても過言ではありません。

そんな中でしっかりと誰かとつながっていくには、「あ、この人は個性的だな！　自分を持っているな！」と思ってもらわないといけません。

真似から入るのが絶対悪だとは言いませんし、真似から入って大成功した人も多いです。しかし、少なくともスピード感を持って人気や評価を得たいと思うなら、周囲を研究して、今はまだない個性を打ち出していくことが大事です。埋もれてしまっては一生浮かび上がれないのです。

③誹謗中傷をしない

最後に3つ目として、とても大事なことがあります。それは誹謗中傷《ひぼうちゅうしょう》をしない！　ということです。

私が大好きな作家、浜田文人《はまだふみひと》さんの小説にこんなフレーズが出てきます。


「SNSに流れる情報を鵜呑みにはしない。事実であろうが、虚言妄言の類であろうが、人心を惑わせることに変わりはない。誹謗中傷する側もされる側もそれを失念している。忘れたのでなければ、もはや人間ではない。」

『桜狼　鹿取警部補』浜田文人著（ハルキ文庫）

SNSにネガティブな要素が充満するようになってから、どのくらいの時間が経ったでしょうか。SNSでネガティブなものを見ない日はないと言っても良いでしょう。

大切なことは、ネガティブなことを書く側は確実に誰かを傷つけるし、書かれた側は必ず傷つくということ。それは匿名であろうと実名であろうと同じということです。

SNSはブーメランです。投げた言葉は必ず帰ってくる。いつか必ず投げた本人に、恐怖の刃《やいば》となって戻ってくるのです。

そしていつか、投げた側の喉笛《のどぶえ》を掻き切る。これだけは覚えておいてください。

おわりに

色んな形、場面での伝え方についてお話ししてきました。

もちろん相手は一人ひとり違うし、状況や情勢によっても異なります。同じ伝え方でも、伝わる場合と伝わらない場合があったりもします。

だからといって、伝える努力を放棄してよいのかといえば、それはまったく違います。伝わるとは、「次につながる」ということです。伝わらなければそこで終わり。次はないのです。ビジネスに置き換えて考えたら実に恐ろしいことですよね。

私の知り合いの印刷会社で実際にあったことです。若い営業マンがいました。彼は私の会社の担当でもありました。そして何か仕事を頼むたびに、私の会社の若手ともめるらしいのです。連絡を取っても、欲しい返事が返ってこない。肝心なことが抜けている。打ち合わせの場でも、まともな返事が返ってきません。

いくらなんでもこれはひどいと、その会社の社長にクレームを入れました。

社長は最初は「まさか！」という反応でしたが、気になって他の取引先にも訊いてみたらしいです。そうしたら、次々にその営業マンのひどい評判が聴こえてきました。その営業マンは、仕事がうまくいかないことをすべて取引先のせいにして、社内に正確な情報を上げていなかったのです。まさに間一髪。ギリギリのところで危機を脱することができたのでした。

取引先への伝え方、社内への伝え方。彼はどっちもできていなかったのですね。そのままいけば会社自体の評判が急激に下がり（事実、私の会社も彼がいる以上は取引をやめようというところまで来ていました）、下手をすると会社存続の危機に達していたかもしれません。

伝え方が悪いと、会社すらつぶしてしまいかねない。そういうことなのです。

本書ではたくさんの事例や手法を駆使して、伝え方の極意をお教えしました。これらの事例はすべて私、中山マコトのオリジナルです。ですから、どう使っていただいても良いのです。場合によっては丸々真似していただいてもかまいませんし、あなたなりのアレンジを加えていただくのもＯＫ。とにかく役立てて欲しいのです。

もう一度言います。

この本は、あなたに役立てて欲しくて書きました。「読んで終わり！」では困るのです。あなたに合いそうなノウハウを見つけて、どしどし使ってみてください。あなたの未来に大輪の花が咲くこと、請け合いですよ。

中山マコト

2019年7月、なかなか明けない梅雨の合間に。

【著者紹介】

中山マコト（なかやま・まこと）

ビジネス作家兼コミュニケーション実現アドバイザー
伝わる言葉研究者兼コピープランナー

マーケティングシンクタンクの設立に参加後、マーケティング、販売促進、広告制作に携わる。小売業、飲食業、サービス業などの売り上げ強化に手腕を発揮し、2001年に独立しフリーランスへ。独立起業以来、広告・販促プランナー、コピーライターとして、大手広告代理店、大手製薬メーカー、食品メーカー、飲料メーカー、日用雑貨メーカー、コンビニチェーン本部など、多くの国内外の有力企業をクライアントとして手がけ、伝わる言葉を駆使した販促、集客の手腕に定評がある。
著書は『「バカ売れ」キャッチコピーが面白いほど書ける本』（KADOKAWA）、『「バカウケ」キャッチフレーズで、仕事が10倍うまくいく』（学習研究社）、『フリーで働く！と決めたら読む本』（日本経済新聞出版社）、『副業で稼ぐ！と決めたら読む本』（日本実業出版社）、『仕事は名刺と書類にさせなさい！』（講談社）、『そのまま使える「爆売れ」コピーの全技術』（かんき出版）、『遠ざけの法則』（プレジデント社）など46冊を数える。

〈公式サイト〉
http://before.makoto-nakayama.com/

「伝えたつもり」をなくす本

2019年9月26日　初版発行

著　者　中山マコト
発行者　野村直克
発行所　総合法令出版株式会社
〒103-0001　東京都中央区日本橋小伝馬町15-18
ユニゾ小伝馬町ビル9階
電話 03-5623-5121（代）

印刷・製本　中央精版印刷株式会社

落丁・乱丁本はお取替えいたします。

ISBN 978-4-86280-709-0
総合法令出版ホームページ　http://www.horei.com/

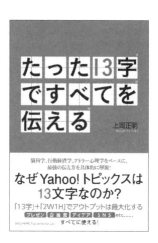